L'aurore martyrise l'enfant

Du même auteur

Chez le même éditeur
Poupée de rouille, conte poétique, Ottawa, 2018, 144 p. Finaliste, Prix Christine-Dumitriu-van-Saanen 2019, Prix Trillium 2019, Prix Champlain 2020 et Prix littéraire des enseignants de français AQPF-ANEL (poésie) 2019.
Le ciel à gagner, poésie, Ottawa, 2017, 146 p. Finaliste Prix littéraire Le Droit (catégorie poésie) 2018.
Neuvaines, poésie, Ottawa, 2015, 144 p. Prix de poésie Trillium 2016. Finaliste, Prix littéraire Le Droit (catégorie Poésie) 2016 et Prix littéraire Émergence AAOF 2016. Gagnant, Prix de l'Association des écrivains francophones d'Amérique. Adaptation théâtrale par le Théâtre du Trillium, sous la direction artistique d'Anne-Marie White, en 2015-2016.
Nous aurons vécu nous non plus, roman, Ottawa, 2011, 80 p.

Chez d'autres éditeurs
De cendre et d'écume, poésie, dans Poèmes de la cité, sous la direction d'Andrée Lacelle, Éditions David, Ottawa, 2020, 96 pages.
De toute les histoires, poésie, dans Poèmes de la résistance, sous la direction de Andrée Lacelle, Prise de parole, Sudbury, 2019, 109 pages.
L'autre ciel, récit, Sudbury, Prise de parole, 2017, 120 p.
Le Lycanthrope (collectif sous la dir. d'André St-Georges), poésie, Gatineau, Éditions Premières Lignes, 2007.

David Ménard

L'aurore martyrise l'enfant

Roman

2023
Collection Vertiges
L'Interligne

Catalogage avant publication de Bibliothèque et Archives Canada

Titre: L'aurore martyrise l'enfant : roman / David Ménard.

Noms: Ménard, David, 1984- auteur.

Collections: Collection Vertiges.

Description: Mention de collection: Collection Vertiges

Identifiants: Canadiana (livre imprimé) 20220438625 | Canadiana (livre numérique) 20220438676 |

ISBN 9782896997831 (couverture souple) | ISBN 9782896997848 (PDF) | ISBN 9782896997855 (EPUB)

Classification: LCC PS8626.E525 A87 2023 | CDD C843/.6—dc23

L'Interligne
261, chemin de Montréal, suite 310
Ottawa (ON) K1L 8C7
613 748-0850
communication@interligne.ca
interligne.ca

Distribution : Diffusion Prologue inc.

ISBN 978-2-89699-783-1
© David Ménard 2023
© Les Éditions L'Interligne 2023 pour la publication
Dépôt légal : 1er trimestre de 2023
Bibliothèque et Archives Canada
Tous droits réservés pour tous pays

J'aimerais remercier toute l'équipe des Éditions L'Interligne, et plus particulièrement M. Frédéric Lanouette qui m'a suivi au cœur du terrible carême de Marie-Anne Houde.

Je tiens à exprimer ma gratitude envers Mme Yvonne Lachance du Centre d'interprétation de Fortierville, M. Éric Veillette, auteur de *L'Affaire Aurore Gagnon : le procès de Marie-Anne Houde*, Éditions de l'apothéose, Montréal, 2016, ainsi qu'envers Mme Françoise Badeau, membre de la famille d'Aurore Gagnon. Merci à vous trois de m'avoir si gentiment aidé dans mes recherches.

Jean-Claude Larocque, je te remercie de ne jamais perdre le fil de l'histoire ; celle avec un grand « H » et celle de notre belle amitié.

Jean-Philippe Pelchat, je te suis reconnaissant de ton honnêteté, de ton écoute et surtout, de ta présence.

Yanik Pankrac, l'homme à LA plus grande sensibilité littéraire, merci de laisser ma poésie se poser chez toi et d'y donner le meilleur des envols.

Donald Ménard, mon père, merci d'être mon allié dans tout.

L'auteur souligne la généreuse participation financière du Conseil des arts de l'Ontario à la rédaction de cet ouvrage.

À tous les enfants du carême.

Un jour, ma mère, je m'enfanterai et j'irai rejoindre les enfants.

Jacques Garneau, *Les difficiles lettres d'amour*, Montréal, Éditions Quinze, 1979, p. 21

Une petite morte

Une petite morte s'est couchée en travers de la porte.

Nous l'avons trouvée au matin, abattue sur notre seuil
Comme un arbre de fougère plein de gel.

Nous n'osons plus sortir depuis qu'elle est là
C'est une enfant blanche dans ses jupes mousseuses
D'où rayonne une étrange nuit laiteuse.

Nous nous efforçons de vivre à l'intérieur
Sans faire de bruit
Balayer la chambre
Et ranger l'ennui
Laisser les gestes se balancer tous seuls
Au bout d'un fil invisible
À même nos veines ouvertes.

Nous menons une vie si minuscule et tranquille
Que pas un de nos mouvements lents
Ne dépasse l'envers de ce miroir limpide
Où cette sœur que nous avons
Se baigne, bleue sous la lune
Tandis que croît son odeur capiteuse.

Anne Hébert, *Œuvre poétique 1950-1990*,
Montréal/Paris, Éditions du Boréal, Éditions du Seuil,
1995, p. 42.

Marie-Anne Houde est née en 1890 à Sainte-Sophie-de-Lévrard, en Mauricie (Québec) dans une famille très pauvre. En 1907, à l'âge de 17 ans seulement, elle épouse Napoléon Gagnon. Ce dernier meurt en 1915 après lui avoir fait six enfants. En 1918, elle épouse en secondes noces Télesphore Gagnon de Fortierville, le cousin germain de son premier mari. Un mariage discret est célébré quelques jours seulement après le décès de Marie-Anne Caron, la première épouse de Télesphore. Aurore Gagnon, la seconde fille de Télesphore et de sa première épouse, meurt le 12 février 1920 à l'âge de dix ans, à la suite de sévices perpétrés par son père et surtout, sa belle-mère. Les époux sont rapidement inculpés. Télesphore Gagnon est d'abord condamné à la prison à vie, puis il est libéré au bout de cinq ans pour « bonne conduite ». Quant à Marie-Anne Houde, elle est condamnée à la pendaison jusqu'à ce que mort s'ensuive, mais sa peine est commuée en sentence à vie peu après le dénouement de son procès. Après avoir imploré la clémence en raison d'un cancer incurable, elle est libérée en 1935 et mourra chez une parente à Montréal le 13 mai 1936.

L'Histoire se souviendra surtout de Marie-Anne Houde, dite « la marâtre », comme l'une des criminelles les plus odieuses du Canada. Elle deviendra la figure de la méchante belle-mère par excellence du folklore canadien-français et son crime sera l'un des pires cas de maltraitance infantile connus à ce jour au pays.

Ce roman s'inspire librement de son histoire.

Prologue

Je t'offre mon carême...

40 jours de prières insondables et de jeûne implacable
de blasphèmes bénis et de pieuses profanations
de privation inlassable et de mains soudées
de scapulaires froissés et d'aumône illusoire
d'acclamations rauques et de salutations feutrées
de couleurs ineffables et de noir rampant
d'astres fanés et de fleurs éteintes
de souvenirs de genoux éraflés et de bleus roses
de heurts indicibles et de flétrissures inamovibles
de finitude crevée et d'apothéoses chancelantes

40 jours d'errance et de déraillement
d'encre et de stigmates
de lueurs et de traces
de cœur et de taches
de fragments et de pleurs
de hantise et de faim
de moisson et de gelée
d'écume et de sang
de fracas et de vides
de déluge et de sel

40 jours d'étreintes creuses
de chutes immaîtrisables
d'oraisons déraisonnables
d'orages secs
de torrides résurrections
de précieux copeaux
d'abominations renflammées
de vaines vacillations
de lampions fondus
d'éboulements langoureux

40 jours à dénombrer nos temples cassés
à lancer des vœux à la face des étoiles
à avaler les premières pierres lancées
à me verser dans les éclairs de chaleur
à caresser la chair des abattures noircies
à chevaucher les silences stridents
à remonter les fleuves de l'ennui
à tarir les ruissellements
à chercher des trèfles à quatre écueils
à chercher Dieu sans te trouver

1

Les absents

Moi...

Une soif. Avant l'Apocalypse, avant la Genèse.

Une décharge bleue, une enfant si loin de Dieu, un roseau se balançant au vent, une feuille tremblante, mais forte.

Jusqu'à ce que tu m'écrases de ton pied.

Jusqu'à ce que tu me donnes d'autres lumières.

Les grandes histoires d'amour rampent dans les cimetières, les vieilles cours d'école et sur le bord de la voie ferrée, parmi les lumineux éclats du paysage.

J'ai toujours été prisonnière des promesses que nous n'avons jamais échangées.

Je te poursuis d'un cauchemar à l'autre.

J'ai réinventé souvent ce que le vent nous a appris.

Je n'ai jamais cessé de t'attendre.

Les absents ont toujours raison.

2

Messe de sel

C'est moi, ta Marie-Anne Houde.

Un nom bien peu connu qu'est le mien, mon cher Télesphore.

Je n'ai plus droit à un vrai prénom depuis longtemps. On m'appelle désormais la marâtre.

Je ne suis plus qu'une sorcière lointaine, synonyme de méchanceté, euphémisme de malice, une blague qui ne fait plus rire personne.

On n'aime ni ma voix ni mes mots. On ne les a jamais compris. Mes persécuteurs exigent de moi une vérité qui leur convienne en tous points, celle qui est indiscutablement attendue de moi.

On me veut ange déchu ou pénitent, vierge ou plutôt son contraire.

Folle à tout le moins…

Les mots ne m'atteignent plus, mais je ne suis pas hors d'atteinte pour autant.

Pour mes oppresseurs, je suis la plus fautive des coupables, tellement que le sol se croit repentant de mes pas et des lieux où j'ai marché. Mais Dieu sait que la terre noire sous mes pieds m'indiffère autant que le ciel.

Pourtant, dans ma chambre de cancéreuse, je suis bien inoffensive ; si petite que je pourrais tenir debout dans la paume de ceux qui m'aiment.

Mais ils sont bien peu nombreux à vouloir me porter. Il y a longtemps que j'ai gercé leur cœur.

Pour avoir tué ta fille, Aurore Gagnon, ça on me connaît. Tuer sa belle-fille incite à une foisonnante dénomination. « Belle-mère », « monstre », « putain », « démone »…

« Marâtre ».

Voilà des noms qui me vont mieux ou du moins, qui plaisent davantage à ceux qui aiment me renommer et me réinventer. On n'existe que dans la représentation, quoi que l'on en dise.

Je ne suis qu'une mauvaise.

Mais non la première… L'Histoire détient son lot de femmes fautives. Il y a eu Ève, certes. Mais il est connu de tous ce nom de pécheresse originelle. Je préfère de loin me comparer à la femme de Loth, épouse non digne d'un prénom, changée en statue de sel pour s'être retournée pour contempler Sodome, ville de toutes les perditions.

Comme elle, je n'hésiterais pas à me retourner encore et encore et je ferais du sel ma rédemption.

Oui, je me métamorphoserais incessamment en statue de sel. Il n'en tiendrait rien qu'à moi d'absorber cette matière dans mes veines.

Tout le sel.

Pour enterrer le monde de mes monstruosités de femme damnée, *déluger* comme bon me semble, engouffrer hommes, femmes et enfants et leur ignorance dans mes océans de sel ; ma rage les faisant couler comme des briques noires, dans les fonds et tréfonds de ma malédiction.

Dans un puits sans fond.

Un puissant fond.

Aurore a aussi eu droit à son lot de noms de guerre.

« Petite Aurore », « enfant martyre », « persécutée », « victime »…

« Proie ».

Si Aurore est synonyme d'aube, je suis manifestement son antonyme. Je suis soir, crépuscule et tombée du jour. Mais la fin est toujours le début de la fin du début de la fin du début de la fin du début de la fin du début…

À la prison de Kingston, on m'appelle the *godless woman*. Là-bas, on emprisonne et on punit dans la langue de Shakespeare. Alors, j'ai appris la langue de mon châtiment dans ces dictionnaires et ces bibles bilingues dont on fait allégrement don aux prisons que l'on croit toujours remplies d'illettrés. J'ai fait ma pénitente dans les deux langues du pays en faisant des livres mes alliés. Ma propre langue, je l'ai apprise et réapprise.

Une sentence à vie force à meubler le temps. Et temps, j'avais.

En prison, les aiguilles de l'horloge s'étendent de tout leur poids, le soleil est de glace, le sel est bleu et le ciel blanc. On apprend par cœur la mélodie des branches qui valsent dans les fenêtres des cellules alors que les heures roulent et rugissent dans les limbes.

J'ai eu le temps d'écrire et de réécrire les nues, les flamboiements de cratères, les morcellements de lueurs aussi. S'imaginer que je parle comme une souillon serait une grave erreur, ce serait encore me méconnaître et me sous-estimer.

Je n'hésite plus dans la langue. Je parle comme je marche, droit et franc.

Mes paroles sont aussi précises que mes mains meurtrières.

Je réapprends les mots, leurs couleurs, leurs fleuves. Je les amasse…

Pour nommer ce qui n'a jamais existé.

Je parle la langue des anges déchus. J'ai purgé tous les sacres et les jurons de mon langage, tout comme la luxure et ces chérubins qui dansaient sous mes jupes. Les accents, les niveaux de langue et l'argot, c'est pour les vivants, alors que moi, je ne suis qu'une morte en devenir.

Je ne suis ni belle ni laide. Je ne suis ni vulgaire ni éloquente. Je ne suis pas au paradis, ni en enfer, ni même dans les limbes.

La vie avance et je marche avec elle. Mes traits vieillissent et je reste là, dans la même peau, dans les mêmes rengaines, dans les mêmes tempêtes et ces images dans ma tête qui ne me ressemblent pas, tout en me ressemblant trop à la fois.

Et je t'espère encore mon cher Télesphore, moi, ta Marie-Anne, la vieille petite fille, l'ouragan maladroit, ta souillon de toujours : la plus trouble des trinités.

J'ai tous nos âges. Je suis de toutes nos époques et quand j'aime, je vais jusqu'au bout de mon enfance.

Les souvenirs ont d'autres histoires.

J'ai appris le rejet avant toute chose, mais le rejet n'est-il pas toujours une question d'amour ?

Oui, c'est moi qui te parle, pour savoir jusqu'où je peux m'engloutir dans la faiblesse et le mal.

Je ne sais plus d'où je t'écris. De ma blessure, au cœur, au fond…

Cent doutes.

Je vais là où il ne faut pas aller. Ça me brûle, comme une main effleurant des lampions ardents dans une église abandonnée de prières.

Tu rends si douce ma douleur.

Je me souviens de tout, des sourires et des pas, comme des merveilles à serrer contre mon sein, les non-dits pour tout commandement, les taches sur le silence et les déchirements à chérir.

C'est par les bourreaux que naissent les plus grandes histoires, celles qu'on se surprend à embrasser au beau milieu de la nuit.

Il faut au cœur des années, des millénaires de torture, de coups et de silences crachés pour comprendre que l'amour était là, tout près, prêt à se faire panser ; des siècles à se recroqueviller sur soi-même pour enfin comprendre que les trajectoires du cœur doivent survivre à des maux, pour des siècles et des siècles.

Ta Marie-Anne essaie de réparer les heures à même les amas de sel et de corail, parmi les éclats noirs de la Visitation.

Sans tuer la chanson, je fais l'inventaire de nos lieux, au cœur du carême, dans une messe de sel.

Je veux t'écrire, te parler. Parce que dans mes nuits, je suis toujours en train de courir. Parce que je pleure des lunes qui n'ont jamais existé. Parce que je suis en arrêt, un peu en avant, un peu après. Parce que ça me console et ça m'effraie.

Mes mots ne sont ni désolation ni justification. C'est mon vécu, mon lot. C'est tout.

J'ai marché sur le rêve ou sur ses barbelés. Je ne sais plus.

L'avenir se cache de moi dans les grains de mon chapelet.

Je pleure ces chaînes qui me vont si bien.

Les ritournelles de ton nom sont nombreuses, nos carrousels de pollen m'étourdissent encore et je pleure de plus en plus d'astres inexistants.

Sous tes pieds, sous ton cœur.

Je pense à toi, cher Télesphore.

Je suis encore là, avec toi, dans les marais de notre jeunesse.

Là où il y a eu la guerre, c'est beau.

Funestement.

Diablement.

Je pense aussi aux autres, car évidemment, il n'y a pas que toi, même si j'aurais tant voulu qu'il en soit ainsi.

Il y a les autres ouragans : Jeanne, Joséphine, Aurore et les autres aussi. Nous, fleurs de visage et de prières, chrysanthèmes à l'abattoir, pétales de cendre, averses mauves d'astéroïdes, matins stridents, larmes d'asphalte, sentinelles et comptines effritées.

Moi, la marâtre, je me suis jetée devant tous les trains de Sainte-Sophie, mais je sais encore regarder le ciel.

C'est déjà beaucoup.

C'est déjà pas mal.

3

Sainte-Sophie

C'est l'été 1904.

Je passe encore l'été dans les bois pour échapper à la tyrannie de ma maison. Heureusement, il y a toujours un hangar, une remise ou une vieille cabane à sucre pour m'accueillir.

Les vieux bâtiments tiennent toujours bon. Sous leurs vieilles poutres et les lattes de leurs murs pourris, ils n'oublient jamais leurs prières.

Pour survivre, je trappe quelques bêtes. Je raffole de l'ail des bois en mai et du blé d'Inde à vache en septembre. Quand je suis mal prise, je finis toujours par trouver un camp de pêche et l'attirail dont j'ai besoin pour pêcher mon repas. Je cours les potagers et les vergers. Quand la chance me sourit, je remplis mes hardes de pommettes sures et de carottes sucrées. Sinon, je sais me concocter un festin des pelures et des cœurs de pommes que j'avale goulûment.

Cette année, j'élis secrètement domicile sur la terre à bois de la famille Gagnon. Personne ne me croit assez effrontée pour m'aventurer sur le terrain de ces gens respectables.

Mais ma présence se fait vite remarquer. Ton cousin Napoléon Gagnon et toi me surprenez à cueillir des têtes de violon dans mes habits de souillon.

Je dois alors me présenter, mais j'ignore tout des convenances et du langage des gens bien. Je ne sais pas parler. Je n'y suis jamais parvenue, par crainte des claques et des coups. Je suis handicapée de la voix. Dans un tombeau d'éloquence, ma langue dort au bois dormant.

Hoquets et balbutiements, la seule verve que je connaisse.

La seule langue que je maîtrise est celle des trains qui passent ; celle des épines de rose, des filets de lumière et de poussière, et du soleil à genou aussi. Je m'exprime dans le même langage que celui des temples qui s'écroulent en plein midi. Pourtant, les vers et les mots débordent en moi comme les prises d'une pêche miraculeuse. Je marche sur une mer de mots. Je leur donne à voir et à entendre. Je les embellis. Je les fais respirer et moissonner.

Je les redresse.

Je les exorcise.

Je les guéris.

Je les ressuscite.

Mais je parle le bégaiement. Tu parles l'irrésistible. Je balbutie la vie, le temps, le ciel et tout ce qui peut rendre heureux.

Tu viens prêter main-forte à la famille de ton cousin.

Napoléon et toi passez l'été à défricher dans les bois, dans mes lieux d'exil.

Nous brisons la glace. Le feu, la terre et l'air aussi.

Les arbres nous jumellent, nous éternisent à notre insu.

Je ne porte ni de robe ni de rouge à joues. Je ne possède que mes hardes, mes galles et mes poux. Tout me semble interdit, mais tu m'apprends par ta simple présence que le désir m'est permis, tout comme les paysages de Sainte-Sophie.

Sainte-Sophie, village qui est le mien, où la perception règne toute puissante, où la chanson des vrombissements des trains constitue une logique absolue. Les trains vont et viennent à proximité, dans les bois et les champs, comme de petits tremblements de terre et foncent à cent milles à l'heure dans le ciel calibré pour scier des tranches de verdure. On les sent venir, comme des vagues inévitables, comme un aboutissement. Un train qui vient, c'est la Noël, un évènement joyeux ou funeste, une quasi fin du monde ou un soulagement dont l'attente paralyse, obnubile. On l'entend venir de loin, la stridence déchirant le paysage, sillonnant la civilisation clairsemée, la cisaillant comme un prophète en colère scinde une mer en deux.

Un train qui roule, c'est un baume bruyant, du vent chaud. C'est aussi un étonnement, un assoupissement pâle de poussière, un convoi d'anges ou de chimères de fer. Tout et rien à la fois. Le blanc et le noir. Le rouge aussi. C'est un orage de métal, une apocalypse temporaire, un cataclysme tranquille ne fracassant rien, sinon l'air au bout des doigts, les étoiles dissimulées dans le bleu du ciel et les âmes chancelantes du village.

C'est un avènement, une réponse, une promesse.

Il ne tient qu'à nous de la tenir.

À Sainte-Sophie, les arbres servent de monuments à prières ; douceurs grises et roses dans la brunante.

À Sainte-Sophie, il pleut du vert et les courants d'air présagent les plus grandes prophéties. Il n'y a pas de falaise, ni montagne, ni lac, mais il y a des marécages, des champs et des bois. Juste ce qu'il faut pour se perdre, s'enliser, se retrouver, espérer, aimer…

Et se tuer souvent.

Tu t'appelles Télesphore.

Je m'appelle Marie-Anne, mais je porte tous les noms. « Marie-salope », « truie », « p'tite maudite »… La moquerie règne et abonde sur moi. Mon nom n'est que grossièreté lorsqu'il sort de la bouche des autres.

Les gens sont des miroirs déformants que l'on croit dur comme fer ; des soldats de plomb qui gardent allumé au tisonnier le non-amour de soi, des lanceurs de pierres, et surtout, de mots.

Tu es né gaillard et souriant.

Moi, triste et fatiguée.

Tu as les yeux bleus.

Les miens sont vides.

Tu portes fièrement ta bougrine.

Je suis vêtue de poussière et de prières.

Tu es vivant et ici.

Je suis ailleurs, si près de toi.

Je flotte et je vole dans le souffle de Dieu.

Je ruissèle faiblement dans la divinité mourante.

Je scintille à peine dans la boue séchée sous tes pieds.

Tu as 21 ans. Déjà un homme, un homme fait.

Je n'ai que 14 ans, mais je suis déjà femme.

C'est à 14 ans que l'on perd son innocence.

C'est à 14 ans que l'on comprend l'étendue de l'improbable et l'ampleur des limites.

C'est à 14 ans que l'on découvre la floraison de l'absurde.

C'est à 14 ans que l'impossible saigne.

Les présentations sont faites au son des cloches qui ne sonnent pas.

Alors nous parlons désormais le silence, la seule vérité, le seul langage dont nous avons besoin.

Tout le reste n'est que du bruit.

4
ÉLÈVE DU SOIR

À MON PLUS GRAND BONHEUR, Napoléon et toi me permettez de rester avec vous si je sais me rendre utile.

Je vous regarde manier la scie à deux hommes.

Je m'abreuve à des jardins d'Éden en scrutant le duvet blond de ta nuque parfaite.

J'ai le grotesque sur le cœur, tu as le sublime sur la peau.

Le paradis se contemple toujours mieux depuis l'enfer.

Je veux vivre avec toi dans ce sortilège que je t'ai sans doute jeté à une autre époque.

noir-moi
nuit-moi
et suie-moi…

Comme la dernière des brûlées de Salem.

Tu connais tous les passe-temps, les poches, les dames, les cartes…

Je ne suis pas douée, mais j'ai quelques talents.

Je sais jouer rouge, bleu ou feu.

J'excelle dans les démarches obliques et l'art de fixer le plafond du grenier où je dors en hiver.

Je sais regarder dans le vide et dans tes yeux.

J'ai bien apprivoisé la pénombre.

Je suis une élève du soir.

J'ai le cœur grand comme un cimetière.

Je rivalise avec les ombres en me droguant de lunes.

Je sais percer l'obscurité et la mémoriser.

La noirceur me connaît ; j'accours toujours vers elle telle une éventrée.

La nuit est une page blanche sur laquelle il faut écrire dans le noir sans savoir où poser sa plume…

Sans connaître ni la couleur ni l'opacité de l'encre.

5

Sa mère et Joséphine

« Télesphore, mon ami, mon premier ami, mon seul ami », comptine que je chantonne et répète dans les bois, pendant que le loup n'y est pas.

Je t'attends les pattes dans les poèmes, dormant à côté des causes perdues.

Je me languis de toi tandis que les ombres se dandinent sur les chemins de terre de Sainte-Sophie.

Le jour, je poursuis cette glace invisible qui sommeille au cœur du soleil. Le soir, je me perds parmi les éclats de lune. Je méprends sa lumière pour ces baisers que j'espère de toi. Je laisse le ciel m'avaler et je t'attends aux pieds de tous les anges, même si les immortels ont d'autres dieux à adorer.

Tu m'affectionnes justement parce que je me délecte de toi comme nulle autre. Je viens te porter des fraises sauvages que j'ai cueillies dans les champs. Tu te moques de mes habits et de ma bouche rougis par les fruits. Tu t'ouvres à moi en savourant mes délices. Chez toi, tu es le quatrième d'une famille que tu trouves trop nombreuse. Tu en assez de la damnée pauvreté qui s'accompagne de son lot de malheurs. Un jour, tu seras un homme prospère. Tu te le promets, même si aujourd'hui tu as le vague à l'âme en sachant qu'il te faudra t'user longuement à l'ouvrage pour parvenir à tes fins.

Mais en attendant, j'ai assez perdu de plumes pour te remplumer.

Tu me questionnes. Mine de rien, tu me reproches d'abandonner ma mère qui a sans doute besoin de moi à la maison. Je te dis que ma mère est morte depuis belle lurette…

De son vivant, *Sa mère* lavait, repassait, pliait… Elle rangeait chiffons, torchons et sentiments dans tous les tiroirs de la maison, à défaut de pouvoir remiser ses nombreux enfants…

Exilda, Ernestine, Joséphine, Jeanne, Willie, Marie-Anne, Joe, Alfred, Florida…

Elle en avait gros sur le cœur, un grand et lourd chagrin comme il ne s'en faisait plus, qu'elle a enfanté sans trop s'en rendre compte, comme tous ses multiples rejetons.

Il lui arrivait de nous battre un peu, pour nous faire fuir et mieux pouvoir se consacrer toute entière à sa peine.

C'est à mes frères et sœurs aînés qu'incombent maintenant cette tâche et ce malin plaisir de me corriger lorsque, comme *Sa mère*, je me consacre plus à mon chagrin qu'aux guenilles qui doivent être lavées, repassées et pliées…

Lorsque la rage s'éprend des miens et qu'il m'arrive de trop de craindre leurs corrections, je trouve secours auprès de ma sœur Joséphine qui m'autorise à me cacher dans l'armoire à balai.

Joséphine est blanche, livide, une feuille qui frissonne en plein hiver sur la plus haute cime des arbres. Elle s'accroche ; tenace petit pétiole.

Elle trébuche dans ses propres tremblements, toujours à un cheveu près de déclencher un séisme.

Joséphine n'apprécie personne. C'est un chat sauvage que nul ne peut approcher. Sympathique à ma cause, elle a, comme moi, longtemps craint les corrections de notre fratrie. Mais on la laisse tranquille depuis que mes frères Joe et Willie, les plus forts de la famille, en ont fait leur protégée ; depuis le soir où elle s'est résignée à les suivre dans le grenier à foin, en pleines ténèbres, alors que *Son père* n'y est pas.

Mais *Son père* n'est jamais là.

Mon père… aussi absent que la verdure dans un jardin tristement givré et étincelant en hiver.

Mon père… une terre de Caïn parsemée de gelures et de moignons de frimas.

Joséphine et moi avons l'obsession en commun. Elle ne sait que s'obséder pour notre défunte mère et moi, me fondre dans l'océan et mordre le soleil en t'attendant, mon cher Télesphore.

Depuis toujours, Joséphine voue son don pour les larmes à notre mère qui lui manque perpétuellement.

Il me semble voir encore *Sa mère* errer de pièce en pièce dans la maison et traîner lourdement ses graisses, comme si elle était seule, sans la présence de ses neuf enfants.

Par son détournement, *Sa mère* savait nous enseigner le découragement et la mollesse ; l'apathie aussi. Elle était malheureuse et faisait foi de sa malchance à quiconque croisait son chemin. Ses plaisirs coupables consistaient à partager les mauvaises nouvelles, à empoisonner l'art de la petite conversation ou encore à répondre par la négative à toutes les questions qui lui étaient posées.

Pour Joséphine, en revanche, tout prétexte était bon pour pleurer et s'empêtrer dans les jupes de notre mère comme un chien bâtard abandonné en plein champ. Ma sœur pouvait multiplier les petites attentions et douceurs pour *Sa mère* en lui présentant le plus penaud de ses visages, en se pendant incessamment à son cou. Mais *Sa mère* n'en avait que pour sa pipe et ses propres plaintes. Joséphine… sidérée, blessée de n'avoir jamais reçu de traitement préférentiel pour avoir chouchouté *Sa mère* bien plus que les autres.

Sa mère s'indifférait équitablement de chacun de ses enfants. Point.

Aujourd'hui, Joséphine se cache derrière ses lunettes et ses cheveux qu'elle passe un temps fou à brosser, comme pour réussir à s'effacer, corriger ses nombreuses erreurs capillaires, dissimuler ses tremblements et surtout, son chagrin ; celui de n'avoir jamais réussi à se faire aimer de celle qui l'a mise au monde.

Les enfants devraient pouvoir engendrer la mère qu'ils méritent...

Quant à moi, je m'obsède à remplir tous les vides qu'a laissés *Sa mère* derrière elle en espérant que quelques miettes de plénitude me reviendront au terme de cette fastidieuse tâche.

Sa mère est morte comme un sortilège brisé, me laissant pour seules consolations mes souvenirs, le vide et des questions, tant de questions...

Sa mère, votre âme est-elle damnée de ne pas avoir su chérir ces enfants qui étaient les vôtres ?

Et qu'en est-il de la mienne si mon appréhension pour l'enfantement s'avère monstrueusement plus vive que la vôtre ?

6

Ernestine

Depuis le décès de *Sa mère*, c'est ma sœur Ernestine qui, jour après jour, s'impose comme maîtresse du foyer et s'acquitte maintenant de l'aimable tâche de me discipliner, de me dompter et de faire de moi une esclave.

Elle me corrige bien plus que je ne commets de bévues, sans doute pour prendre de l'expérience pour la sienne de marmaille qu'elle engendrera un jour.

Bien que meneuse, Ernestine est l'enragée et l'esseulée de la famille. Elle porte des perles de furie sur le front et arbore une coupe garçonne qui est la risée de tous, sauf de notre père. Elle l'a adopté comme modèle à suivre, même s'il n'est jamais là.

Son père a trop de filles dont il ne sait trop que faire… Exilda, l'aînée de la famille, s'est faite discrète, puisque la mort l'a choisie à un jeune âge. Jeanne s'est fait excuser en raison de son joli minois. Joséphine s'en est tirée à bon compte en jetant son dévolu sur les tâches ménagères, comme *Sa mère*. Et c'est à Ernestine que revient d'assumer toute seule le manque de virilité de *Son père* qui n'a su engendrer que deux garçons aussi bons à rien et ivrognes que lui.

Alors Ernestine fait tout pour réparer ce que la vie a rendu en regrets et aigreurs pâles pour *Son père*. Les rares fois qu'il se trouve à la maison, elle l'assiste dans ses travaux. Au village, en sa compagnie, elle donne de viriles poignées de main aux passants et marche et crache comme un homme. Mais ce n'est jamais assez. *Son père* est déçu ; perpétuellement en colère. Alors Ernestine l'est aussi, probablement depuis la Genèse. Et lorsque je ne suis pas là pour agir en tant que bouc émissaire, elle s'adonne à la poésie du ciment en égratignant les murs de la fondation de la maison, comme si elle déchirait les cieux.

La nuit, elle ne dort pas pour mieux trouver des façons de ne pas décevoir Son père.

Et quand elle parvient à trouver le sommeil, elle s'endort dans la lave de ses larmes et de ses souhaits impossibles crachés au visage de la Voie lactée.

Le matin, elle s'éveille dans sa rage coulante et bouillante, après avoir vérifié dans sa culotte que la fée du *Sexe des étoiles*[1] l'a encore oubliée.

---

1. Clin d'œil aux *Sexe des étoiles* de Monique Proulx.

7
T. + M-A.

Mais pour cet été, tout cela est derrière moi, puisque j'ai trouvé refuge auprès de Napoléon et auprès de toi, cher Télesphore.

La nuit, Napoléon dort sur une paillasse improvisée à même le camp, alors que tu préfères dormir près du feu, dans ton hamac.

Je dors au sol, à tes côtés, comme ton chien. Napoléon me supplie de dormir dans le camp avec lui pour ne pas que j'attrape mon coup de mort. Je l'ignore et j'imite plutôt ton souffle alors que tu t'assoupis.

Nous respirons à l'unisson. Ta main ballotte dans le vide ; astre grandiose au-dessus de ma tête. Je l'observe, la scrute à travers la frêle pénombre et le scintillement des braises mourantes.

Tous les soirs, je me perds sur le revers de ta main, dans les petits chemins bleus de tes veines…

De l'autre côté des jouvences.

Juillet s'amorce brutalement.

Au petit matin, tu me réveilles brusquement et me chasses dans le camp préparer la soupane alors que trois villageois viennent te proposer de l'ouvrage après t'avoir vu vaillamment travailler. Ils se moquent de moi alors que je les sers et que vous discutez affaires.

Napoléon et toi disparaissez avec eux dans les bois, en me laissant seule, avec la tâche de nettoyer votre camp.

Je lave la vaisselle, passe le balai, lave vos vêtements, mais rien ne vient à bout de cette colère de me voir ainsi rebutée et abandonnée.

Je suis encore punie d'exister.

Je trouve ton chandail que tu as oublié dans ton hamac. Je m'en recouvre le visage comme si c'était le linceul de Véronique flottant dans un tombeau de ciel. Je mords dedans et je respire, dévore et avale ton parfum de froid pur et de frimas parfait.

Et je ne sais qu'incarner le pardon au cœur de mes éclats brûlant de furie.

Tu t'occupes rarement de moi en présence des autres. Et les autres sont toujours là, surtout Napoléon.

Napoléon est toujours là, comme un caillou dans un soulier, un insupportable moustique au chant lancinant dans la nuit. Il m'offre des fleurs, des mouchoirs brodés, des chapeaux de dame… Plein de cadeaux dont je ne sais que faire et qui ne conviennent en rien à la souillon que je suis. Ton maigrichon de cousin m'ennuie. Il souhaite faire mon éducation et m'apprendre à chasser le lièvre ou encore, à apprêter la viande. Je n'ose lui dire que c'est moi qui pourrais lui en montrer. Il me suit, m'épie et désire me présenter aux siens… Tout le contraire de toi qui n'est mon ami que dans l'absence, la négligence, la nuit, le noir, à l'abri des regards, alors que je détrônerais des rois, pour toi, au grand jour.

Tu maîtrises le semblant d'amour dans l'obscurité et je me contente béatement de tous tes typhons étouffés.

Dans les bois, je te construirais un domaine, tout un royaume, ou un simple nid de soleil en pleine demi-pénombre…

Parce que tu crains le jour et ceux qui l'habitent et qui pourraient voir ces lettres que tu me laisses secrètement écrire dans la paume de ta main.

T. + M.A.

8

Courses de Pandore

Napoléon et toi abandonnez parfois le campement pour vous rendre à la messe.

Il y a longtemps que j'ai perdu la notion du temps et surtout, des dimanches.

Je n'y suis pas invitée. De toute façon, on ne veut plus de moi à l'église. Monsieur le curé désapprouve les souillons et le bon Dieu s'en lave les mains.

Mais je te suis tout de même à son insu… Je peux de moins en moins me passer de toi.

Je suis la cérémonie par les carreaux vitrés.

Malgré la distance, je t'aperçois tout de blanc vêtu servant la messe, tes couleurs remplaçant tous les évangiles.

Après le service, tu causes sur le parvis de l'église avec Monsieur le curé et vous me surprenez à flâner tout près. Tu me fais signe de m'approcher. Je parviens tranquillement à ta hauteur, non sans gêne et honte. Tu me présentes à Monsieur le curé, non pas comme une bonne à marier, mais comme une pauvre fille à qui on fait la charité. Vaine bienséance, puisqu'il me connaît déjà assez pour m'avoir chassée. Ma présence l'agace visiblement au plus haut point. Il préférerait mieux me voir errer dans la rue, à quatre pattes, comme une chienne flairant la charogne pour se sustenter. Mais je me tiens aussi droite qu'un Christ sur la croix pour lui montrer que je suis une femme, une vraie ; malgré mes hardes, mes galles et mes poux.

Je crains ses yeux durs. Même si son bon Dieu l'exhorte à la vertu, je ne suis, à ses yeux de pierre, qu'une intruse, une indésirable, une importune que tu devrais écraser sauvagement, une salope que tu devrais rouer de coups et cogner, une incapable que tu devrais étrangler dans la nuit et battre et battre encore et saigner jusqu'à ce que ma tête, mon cœur et mes veines explosent, jusqu'à ce que mon existence tout entière ne soit plus qu'une série de battements et de coups qui me feront oublier que je fais partie de toi, que j'ai besoin de toi comme les phares réclament leurs naufragés, comme les flammes aiment leur tisonnier et comme les prisonniers chérissent leur cachot.

L'après-midi et sa promesse de contentement chassent le malaise de cette malencontreuse rencontre.

Nous nous éclipsons encore, au grand désarroi de Napoléon qui voudrait bien se joindre à nous.

L'été se fait vieux, mais les champs de maïs nous appartiennent toujours ; les sentiers de terre battue aussi.

Tu me fais monter sur ton cheval. Nous nous aventurons hors d'atteinte dans la campagne et j'espère aller aussi loin avec toi dans la moisson.

Je grimpe avec toi dans les arbres esseulés au milieu des champs pour accuser le ciel de tout et le pointer joyeusement du doigt. Je te suis à pied dans tous les rangs de terre, je me baigne à tes côtés dans la rivière et je vais partout avec toi où le danger est permis.

Nous poursuivons tant de papillons turbulents.

Je cours avec toi.

Je cours après toi.

Courses de Pandore.

Je te suis dans des caravanes de chimères, dans des tombes de lueurs ; tous mes tremblements se ramifient sous tes pas.

Nous nous étendons au creux du chemin de fer, entre les rails chauds, pour faire la leçon au soja endormi poussant à proximité.

Je me cache derrière tout ce que je n'ose te dire.

Je neige et j'apprends dans tes regards de janvier.

9

Aspersion de l'eau

Nous empruntons la carriole de Napoléon à son insu pour faire le plein de victuailles au magasin général.

Nous roulons dans les chemins de campagne à toute vitesse au son de nos éclats de rire et des paraboles du soleil.

Tu conduis aveuglément en engloutissant notre bouteille de caribou.

Le vent chaud caresse nos yeux voraces et clairs.

La carriole s'élance dans les airs et saute au-dessus de la voie ferrée. Rien ne nous effraie.

Nous nous moquons de la vie et de la mort, fermant les yeux, le goulot de la bouteille enfoncé dans la gueule.

Sous nos regards défilent ces rêves que l'on ne peut saisir de la main. De mes souhaits, je persécute les étoiles cachées derrière l'azur pour qu'elles m'enluminent et m'immortalisent à tes côtés dans le paysage.

Tu m'emmènes à la chasse au plus profond de la terre à bois. À l'aide de mon lance-pierre, je parviens à tuer quelques perdrix, à ta plus grande surprise.

C'est à grandes gouttes que nous installons notre campement dans les bois, là où deux ruisseaux se rencontrent, comme des veines s'ensorcèlent.

La lune se lève tranquillement sur le courant. Nous enlevons nos bottines et nos pantalons pour nous baigner. Tu me prends par la main pour marcher sur la rive, l'embrun et la mousse. Les vagues et les miroitements noirs nous chatouillent les jambes et les tympans alors que la nuit chaude bleute nos visages. Tu lâches ma main et tu avances un peu jusqu'à t'immobiliser devant moi pour me contempler en silence.

Torrides sont l'été et notre ivresse.

Tu te dévêts au beau milieu du ruisseau jusqu'à te retrouver magnifiquement nu dans les écumes grisées.

Tu portes majestueusement ta nudité. J'en tremble d'émerveillement dans l'ardeur du ruissellement.

Tu m'ordonnes de me déshabiller et je ne peux que t'obéir.

Tu m'ouvres légèrement tes bras, mais je résiste à m'y blottir. Je caresse plutôt tes cheveux et ta nuque. Tu saisis fermement mes mains et les apposes sur ton corps. Tu prends ma tête et la déposes sur ton épaule.

Mes larmes dans tes bras. Mes pupilles contre ton cœur.

Parfois le manque est si grand, si invisible pour celle qui le porte.

Devant toi, nue, ta Marie-Anne est là où elle doit être.

Tu m'embrasses en humant le parfum des perséides.

Tu me tires par la main pour courir dans l'eau et éclabousser la nuit, le silence et nos tourments assoupis.

Nous contemplons l'infini étoilé. Les flots font valser nos corps à leur gré.

La nuit est douce, l'onde calme.

Nous revenons au campement. Tu réanimes le feu et je prépare un repas nocturne que nous mangeons avidement en admirant les délicats éclats roses que les flammes déposent sur nos visages.

« Tes beaux yeux gris… »

Ce doux baisemain sortant de ta bouche suffit pour que je rampe jusqu'à toi et que je te suive dans notre abri de fortune.

De ses douces mains, la nuit nous recueille ; l'obscurité aussi, si grande, douce, jalouse.

Tes bras de fer deviennent tendres dans le noir.

Nous couchons nos cœurs mouillés au sommet des racines, ta voix sur la mienne, tes mains et leurs poèmes sur ma peau, le poids de ton corps sur mon dos, comme la plus belle des croix à porter.

10

Liturgie de la lumière

Le lendemain, le jour nous appartient.

Nous sautons sur un train ; je le veux garant de bonheur.

Nous sommes ambulants, ondoyant vers des ailleurs extraordinaires.

Nous emportons tous les vents avec nous.

Nous saisissons les couleurs qui perlent l'horizon.

Nous sommes les époux de cet été qui s'achève.

Le train prend de la vitesse. Nous sautons et nos corps tournent et retournent dans la gravelle, les quenouilles et les roseaux, jusqu'à s'immobiliser côte à côte face au ciel.

Nous reprenons notre souffle en tendant nos mains vers l'azur pour cueillir les nues.

Je ressens tout, les cieux détaillés aussi.

Le train file au loin et le bonheur aussi.

Tu roules sur moi, me chatouilles et cloues mes mains au sol. Je te laisse être le plus fort. J'aime quand c'est toi qui gagnes.

Tu me fais connaître les lueurs imprécises et tes astuces *pétalières*.

11

Psaume salé

Tu sors un couteau de chasse de ton sac, celui que ton père a offert à ton frère. Tu l'as emprunté en cachette, comme tu le fais souvent. Tu aurais aimé recevoir ce présent.

C'est ton bien le plus précieux, même si c'est celui d'un autre.

Je ne peux que te comprendre. Tu es ce que j'ai de plus cher, même si mien, tu n'es pas.

Je te parle de mon affreuse fratrie. Je pleure des orchidées d'espoir, des astres sans nom. Je t'explique que mes bourreaux de frères et sœurs n'ont pas de talon d'Achille, qu'ils frappent droit et fort là où la blessure doit être, dans l'accomplissement d'une prophétie, sans corolle ni loi. Mes bourreaux m'aiment et me *hainent*. La poudre aux yeux, je reçois toutes leurs pierres, ces haches lancées dans le noir, la poésie de la face contre terre et les fleurs assassines.

Je te dis tout. Que j'essaie de les aimer plus que moi-même, avides d'eux jusque dans mes ecchymoses, jusqu'à la dernière gorgée de mon sang. Je les crois dans la terreur, au-delà de ces étreintes qu'ils me font cruellement en blague, pour le goût de la puissance. Je les chéris, le cœur et le visage sous leurs poings, le torrent dans la tête.[2] Je me languis d'eux dans la périphérie de leur haine. Je les porte, sur d'autres terres et dans la vase, parce que je n'ai qu'eux pour famille.

Je te dis qu'en les aimant, le Bon Dieu les empêchera de me tuer.

Tu me consoles, me portes et me ramènes jusqu'à la voie ferrée. Tu m'étreins entre les rails brûlants. La gravelle est notre lit. Les grives et le parfum des lys tigrés parlent si fort. Nous sommes des asters bleus, nos gueules remplies des pétales et de lubies.

Désire-moi très fleurie.

Je te goûte comme la vague se délecte inépuisablement du sable. Je t'aime les falaises dans les yeux. Tu m'avales, les cieux dans les mains, du soleil plein les doigts, ton couteau de chasse contre ma gorge, pour rire et défier la Passion et la mort.

Tu me dis qu'ils ne me tueront pas, que je mourrai le même jour que toi, à la même aurore.

Télesphore et Marie-Anne pour toujours.

C'est une promesse, un pacte, un évangile rouge sur lequel nous jurons, l'âme sur la cime des arbres, la prêle au fond du cœur.

Pour tout ce que nous avons saigné.

---

2. Clin d'œil à *Le Torrent* d'Anne Hébert.

12

Acte pénitentiel

Mes frères Willie et Joe, ainsi que les villageois avec lesquels tu fais affaire, surgissent de nulle part et te demandent des comptes. Ils veulent savoir ce que tu peux bien faire, étalé sur moi. Tu leur réponds, à la blague, que tu joues à me tuer. Alors ils veulent jouer eux aussi.

Ils te dérobent ton couteau pour me menacer. Ils le brandissent pour m'effrayer, me traînent par les cheveux loin de notre lit ferré, et me tripotent à tour de rôle en me poussant dans l'étang.

Pleurent dans la mare les quenouilles, les algues et les nénuphars.

Tu n'interviens pas. Sans doute parce que tu en dois trop à ces hommes et que tu as honte d'être vu à mes côtés. Je leur crache au visage en me défendant en vain. Des mains se referment autour de mon cou. Ma tête est plongée sous l'eau et la vase épouse mon visage et tout mon destin de jeune femme.

Je me débats comme je peux. Je ne peux pas. Je suis encerclée, piégée.

Je me mets à compter.

Un, deux, trois…

Je vois rouge, bleu et puis blanc. Un train passe. Je ressens ses soubresauts, le souffle des fées et des anges absents aussi, les parcelles grises entre les vides, le souffle coupé de tous les archanges défaillants et la marée ronde et froide sur mon cœur.

Vingt. Vingt-et-un. Vingt-deux…

Je me perds dans des ruines de blancheur. Tout devient si léger, laiteux, pur.

Ne m'aidez pas mon Dieu.

Trente. Trente et un. Trente-deux…

Le grondement des wagons résonne en moi et règne sur ce qui me reste de souffle. J'écoute le fer se marier aux rails dans des ébats de rouille criants de divinités incompatibles.

Trente-huit. Trente-neuf. Quarante.

La mort est un train qui passe.

J'entends une bruyante détonation et le couteau tombe dans l'eau, près de mon visage.

L'étau se desserre. J'émerge de l'eau et reprends mon souffle telle une tuberculeuse, mon cœur battant au rythme du train qui s'enfuit.

Je nais pour la deuxième fois, mais je meurs encore de ton immobilité.

L'inaction est la noire sœur de l'imposture.

L'imposture est la noirceur de l'inaction.

Napoléon pointe son fusil de chasse vers mes assaillants.

« Ça suffit ! Laissez la p'tite tranquille ! »

Malicieux, leurs rires.

Je déguerpis dans les bois. Ils me poursuivent, mais je réussis malgré tout à les semer, loin dans la mer d'arbres noirs.

Je ne suis ni Petit Poucet ni Gretel. Nulle sorcière ne m'ensorcèle, nul ogre ne me dévore. Le vent siffle muettement dans les branches, les feuilles ménagent leurs tremblements, les ronces me consolent, les corbeaux bienveillants me faussent des berceuses effrayantes. Le rien me prend.

Creuse et vide de tout, je ferme les yeux et me demande de quoi peut bien rêver une tombe.

Et comment *inexister* en paix.

13

La joue droite

Je ne retourne plus au campement.

J'erre de nouveau dans les bois alors que les jours et les semaines passent. Les hangars, les remises et les vieilles cabanes savent encore m'accueillir.

Ce que je redoute survient trop vite : l'hiver arrive sans préavis au début d'octobre. Une première bordée de neige assassine l'été et nos ardeurs d'un seul coup.

Le froid et ses dangers me guettent et me forceront bientôt à rentrer chez moi.

Au village, j'épie deux commères qui causent de toi. Elles m'apprennent à leur insu que ton travail est terminé chez les Gagnon et que tu rentres très bientôt chez les tiens à Fortierville. Avant que tu ne disparaisses pour de bon, je me rue dans les bois, nu-pieds dans la neige jusqu'à ton campement, pour t'accorder mon pardon et te supplier de m'emmener avec toi. À mon arrivée, tu me prends à l'écart et m'annonces que c'est fini, que j'ai failli te faire perdre un important contrat auprès des villageois. Tu me traites aussi de voleuse, car ton couteau a disparu et tu es convaincu que je suis responsable de sa disparition.

Je ne sais te répondre.

À 14 ans, j'ai déjà vidé tous les mots.

Je ne réussis qu'à te hurler un franc « je t'aime ».

De ta gifle, je fais une caresse à chérir pour l'éternité que ma joue droite jalouse encore.

« Je t'aime » est la pire des injures.

14

Le céleste et la pureté

Le soir, je retourne dans ces lieux de nous abandonnés.

J'*avalanche* et je m'écrase dans mes larmes et nos amours poudreuses, à l'endroit même où tu m'as frappée, près de tes traces que j'ai pris soin de retrouver.

Tu me rappelles la neige. Tu fonds et disparais dès que mes doigts t'effleurent ; fresques folles de frimas sous mes paupières frileuses.

Je caresse les marques de tes pas ; je lèche ta broderie de glace et les pétales de brillance que tes bottes ont créés. Je cueille dans mes mains tes blancheurs brûlantes, tes vestiges givrés et tes diamants insaisissables.

Tout ce qu'il me reste de toi.

Je te consomme à grandes lampées, de la neige plein la gorge...

En espérant que le céleste et la pureté se fondront en moi.

15

Tisons et charbons froids

La forêt élit l'hiver pour me remplacer auprès d'elle pour les prochains mois.

Je suis contrainte de rentrer chez les miens.

Chère payée ma longue absence estivale…

Si sévère la punition de mes frères et sœurs…

Je suis ligotée, injuriée, battue…

Je suis lavée nue dans la neige, devant tous qui se moquent bien de mon sort.

On m'accuse d'être la honte de la famille, d'être une traînée parce que j'ai passé l'été auprès de deux hommes. Loin de toi, sans toi, je ne suis que du gibier, de la chair à canon. On s'acharne sur moi, on me coupe les cheveux à mon insu, on y colle de la chique à tabac, on me lance des pierres, on me prive de nourriture, et de tout ce qui est doux dans la vie.

« P'tite maudite ! », leur insulte de prédilection. Et chaque fois qu'elle m'est lancée, je me souviens que j'ai été mise au monde pour déranger.

On m'oblige à les servir. Dehors, je m'occupe des bêtes, je pellette la neige. À l'intérieur, je fais le lavage, le ménage, l'époussetage… Tout sauf la cuisine, car ma sœur Ernestine craint que je ne vole des victuailles ou que je n'empoisonne la famille toute entière.

Je crains les murs, de m'y faire fracasser le crâne. J'appréhende la cuisine, la pièce principale de la maison. J'ai peur d'y arriver trop tôt et de prendre place là où l'on finira par me chasser ou d'y arriver trop tard et de n'avoir aucune place où m'asseoir.

Mais ils ne me tueront pas. Ils ne m'achèveront jamais. Trop lâches…

Dans leur cœur de couleuvres, ils savent bien que je me chargerai de ma mort moi-même.

Les jours passent inlassablement avec les trains. Désormais, il n'y a qu'eux sur qui je peux compter.

Ils caressent ma peau de leurs vibrations.

Leurs vrombissements… les seuls évènements de mes jours, mon seul réconfort, les seules prières qui me restent…

L'unique tumulte que je souhaite encore entendre.

Je voudrais que mon destin roule à la même vitesse que les wagons et leurs couleurs mouvantes que je souhaiterais pour moi.

Les convois courent vers des villes où je veux m'enfuir. Le soir, je me sauve pour errer sur le chemin de fer de Sainte-Sophie.

J'avance sur les rails étroits comme un Christ tanguant sur une mer de métal.

Je scrute le lointain et deviens experte des firmaments contenus entre deux lignes parallèles ; l'abysse noir à l'Ouest, le lointain clair à l'Est.

J'attrape et j'avale tous les horizons roses que m'envoie l'aurore à venir.

Je rentre chez moi et je m'étends sur ma paillasse déchirée, l'odeur du goudron brûlé dans les narines, la rouille sur le cœur.

Sans toi, je suis torpeur, cendre souillon, tisons et charbons froids qui s'éteignent dans la suie…

Au loin, le train passe. J'avale sa rumeur dans les ténèbres.

Tous les dieux ne font qu'un, mais un seul Dieu ne suffit pas pour l'empêcher de crier ton nom dans la nuit.

16

Jeanne

Je me réfugie auprès de Jeanne, ma seule sœur qui a un peu d'affection pour moi et qui n'habite plus la maison familiale depuis longtemps.

Le matin, je me réveille avant l'aube et je déguerpis pour éviter les claques de mes frères et sœurs qui, jour après jour, me punissent d'exister. Je prétends fréquenter l'école où, là non plus, on ne veut plus de moi. Je ne le dis à personne, car je crains d'être encore accusée de torts qui ne sont pas les miens.

J'attends Jeanne dans la cour d'école et j'espère qu'elle viendra me chercher, ce qui n'arrive pas toujours. Jeanne termine de travailler très tard ou très tôt, avant même que l'institutrice ne se réveille. Je patiente contre un mur de l'école, à l'abri du vent, en espérant la voir.

Jeanne est plus vieille que moi. Du haut de ses 26 ans, elle a déjà toute la verdure du village sur le cœur. Elle a eu le temps de peindre les cieux à l'envers bien avant moi.

Jeanne mène une vie « déshonnête ». C'est ce que l'on raconte. On dit qu'elle se comporte mal avec les hommes. Même s'ils la malmènent parfois, ce sont tout de même eux qui lui permettent de se nourrir et de payer sa chambre au village.

Jeanne les rencontre secrètement, le soir, dans le hangar de la cour d'école, où elle œuvre à l'abri des regards. En échange de sa chair, les hommes lui offrent de l'argent, des fleurs, du parfum, des bijoux et des éclats de sourire sur ses mains à flétrir de caresses. Ils lui font voir de blancs feux et des trésors roses pour lui faire oublier qu'ils sont curés ou mariés, ou qu'ils sont en âge d'être son père.

Par les beaux matins glacials de printemps, après plusieurs jours de chaleur hâtive, le froid revient quelquefois comme un violent remous oublié pour écrire des prophéties sur les fenêtres. J'arrive toujours tôt et je trouve parfois Jeanne saoule et couchée dans le hangar. Ses vêtements sales et déchirés contrastent avec la blancheur parfaite du matin. Elle sursaute en me voyant. Dans ses yeux, je saisis tous ses calvaires qui tremblent et son destin de jeune femme qui grelotte devant moi. Dans les brillances grises et gelées du jour, ses couleurs convoitent leur dessein dans la froideur.

Je l'aide à se relever et lui prête le peu de vêtements dont je peux me défaire pour la réchauffer. Elle les enfile pour cacher ses déchirures et sa honte et ensemble, nous nous hâtons d'aller nous réchauffer dans sa chambre.

En chemin, Jeanne dégrise en me jurant que les astres tournent sur eux-mêmes, enchaînés ; que les arbres ne peuvent mettre fin à leurs jours parce qu'ils sont ancrés dans la terre et que leur tête a connu trop de crépuscules à la fois chimériques et atroces. Vain leur projet d'atteindre de leur cime le plus bleu du ciel ; vain leur rêve de porter éternellement la tendre verdure printanière.

17

Désert

Jeanne a pitié de moi. Ma maigreur et mes contusions lui rappellent de mauvais souvenirs et il n'en faut pas plus pour qu'elle me garde auprès d'elle.

J'erre souvent dans les confins du village pour lui laisser le champ libre alors qu'elle reçoit chez elle ceux qui mettent du pain sur notre table.

Je retrouve nos boisés cloîtrés. Je m'étends, là où les ruisseaux s'embrassent, et je trace dans l'azur chaque trait de ton visage. Incapable que je suis, je ne puis que scruter péniblement dans le ciel ces océans qui bleutent mon regard de leurs reflets à l'infini.

Le temps passe et valse comme un cadavre. Je rôde près de ton camp. J'entre et comme toujours, il n'y a personne. Je me dénude et m'étends sur la paillasse de Napoléon ou encore, dans ton hamac. Je regarde le soleil danser sur les murs froids. En étreignant ton oreiller de paille abandonné, je te supplie de me reprendre, plus fort qu'une armée de carmélites, qu'une forêt de mains priant dans l'obscurité.

Dans ton lit, je t'écris et te réécris tout en nuances, avec ces couleurs que le ciel n'a jamais portées, pour faire front aux jours en lambeaux.

Marie-Anne la souillon se demande quels yeux porter pour se rapprocher de toi, cher Télesphore.

Contre mon corps nu, je serre ton couteau de chasse que j'ai pris soin de repêcher dans l'étang. J'ai omis de te le rendre, comme tu as toi-même négligé de le remettre à ton frère.

Il faut savoir arracher à la vie ce qu'elle nous doit.

J'étreins ton couteau comme un sabre froid d'ultime croisade et je voudrais que tu me voies étendue dans ton lit, pour que tu saches que je suis aussi inoffensive qu'un chevalier mort dans son tombeau.

Je sors dehors m'étendre près des braises devenues suie pour regarder le ciel et choisir les nuages qu'il aimerait bien garder pour lui.

Je m'enracine au cœur des arbres pour mieux caresser ces branches qui t'ont effleuré.

Sobres les nénuphars, sobres les joies.

Je me rhabille et m'éloigne du camp avec un torrent sur le cœur qui ne satisfait aucune soif ; avec un déluge plus aride qu'un désert sur la langue.

Mes années d'école sont peut-être terminées, mais la sécheresse a encore tant à m'apprendre.

Je rentre au village et te surprends devant le magasin général, une femme à ton bras.

Lorsque tes yeux se posent sur elle, je repère dans ton œil ce que je n'ai jamais vu.

Ce regard, il est à moi.

Il me revient.

18

Confession

Je rentre chez ma sœur et ma solitude explose au cœur de ses bras.

Je pleure des oasis bleues, des souvenirs rances et rauques, trop de démons.

J'arrache le ciel et je me noie dans des dunes qui sont les miennes.

Je suis inconsolable et Jeanne ne sait que faire de moi.

Ma sœur me sauve, jour après jour. Je suis aimée d'elle. C'est beaucoup. C'est énorme. Nous sommes des îles forcément et foncièrement seules qui, heureusement, s'entrechoquent parfois dans la dérive.

« Ton âme est en péril, chère sœur. Il faut te confesser. »

Bien que putain, ma sœur est aveuglément pieuse et m'oblige à me rendre à la confesse pour expier ces péchés qui me font reculer à toute vitesse dans la plus noire des immobilités.

Soit. Je me rends à l'église au prochain jour de confesse. Elle est pleine à craquer et ma présence en dérange plus d'un.

Je suis la dernière à voir le confesseur. Il a une voix à la fois inquiétante et lancinante, comme s'il chantait la peine à l'envers.

Je lui parle de toi, de mes incontournables petits tremblements du cœur à raviver, de mes nombreuses prières non lancées et de mes épines rangées dans de précieuses boîtes noires.

Je lui dis tout.

Que j'ai trop de colères à ressusciter.

Qu'il me faudrait porter le deuil.

Que je ne regrette aucun Mal de toi.

Que de pâles amertumes se trament sous les péchés.

Qu'il y a tant de couleurs qu'il ne faut pas regarder, comme on évite le soleil en plein midi.

Que tous les cieux sont trop petits pour mon amour de toi.

Que Dieu est une limite.

Le curé me demande de ralentir, ou plutôt, de commencer depuis le début.

Le début...

J'atteste que moi, Marie-Anne Houde, et toi, Télesphore Gagnon, nous aurons échoué à vivre une passion sans tache, comme tant d'autres, et qu'il faut remonter bien loin dans le temps pour pointer du doigt les premiers à avoir échoué.

La Genèse n'est pas une histoire sainte. C'est une histoire d'amour.

Adam et Ève ont été les premiers élus de Dieu pour s'aimer bien malgré eux. Adam et Ève, l'embarras d'un seul choix. Adam et Ève forcés d'aimer leur prochain, avant même de connaître l'amour propre.

Adam et Ève, innocents. Adam et Ève, coupables. Adam et Ève, les premiers à avoir connu l'échec. Adam et Ève, le modèle, puis la débâcle obnubilant leurs descendants à tout jamais.

Adam et Ève, réunis malgré eux, dans la nudité, dans un projet de création céleste. Une feuille pour tout accoutrement.

Dieu est bien pervers.

La progéniture des originels a divinement échoué en amour, elle aussi. Caïn et Abel unis par des sacrifices commandés par un Dieu désœuvré et capable de lire dans les cœurs des âmes imparfaites qu'il avait lui-même créées, à son image, au terme de son délire de sept jours. Caïn, lui-même premier meurtrier de l'histoire biblique, a sans doute tué son frère trop bien aimé, parce qu'il avait connu avec lui le fruit défendu. Abel, première victime. Caïn, coupable, comme ses parents. Une lignée de culpabilité bien mal supportée et perpétuée au-delà d'une vengeance sept fois consacrée.

Univers en sept jours créé et Dieu, sept fois vengé.

Il y a eu plusieurs destins de sacrifices, et de prophètes piteux. Je crois qu'il y avait même une histoire de char de feu et de manteau. C'était bien joli. Il me semble qu'il y a aussi eu un déluge et une Mer Rouge séparée. L'avenir était vaporeux. Puis, quelques siècles plus tard, Dieu a envoyé son fils. Du moins, un homme prétendant l'être. Son histoire en a été une d'amour et d'abandon, de martyrs et de tortures, de douleur et de folies divines. Une mort sur la croix, bien sanglante, comme Dieu le Père les aime. Un seul crucifié pour tous. Un corps cloué et mort sur deux immenses poutres de bois perpendiculaires. Un terrible symbole de douleur pour hanter des milliers de générations à venir ; la culpabilité se propageant dans l'âme de chacun d'une époque à l'autre.

Jusqu'à nous, mon Télesphore.

Le curé tremble devant moi ; d'ardeur ou de désapprobation. Je ne saurais dire.

Je lui jure que je vois la fin du monde d'ici…

Dieu larguera les obus. Les saints auront remis leur démission. Il y aura des siècles et des siècles de foi, de combats, de chagrins et de guerres immenses. La maladie battra son plein. Le Mal sera partout, ruisselant. L'incrédulité fera son chemin. Les vérités, les principes et les évidences passeront dans le tordeur.

Ce sera blanc de noirceur, grandement.

Les gens s'aimeront troublés, démantibulés, néantisés. Les gens cesseront de croire en Dieu et à l'enfer, et les anges passeront et repasseront entre les gens comme des insectes souffreteux, sans que personne ne les entende.

Dieu incendiera le jugement dernier, puis Il marchera tout droit vers les anges qu'il Lui restera et les étranglera un par un sans qu'aucun ne Lui résiste.

Le curé se caresse subrepticement l'entrejambe alors que je lui annonce que Dieu fera tomber les murs de son royaume comme le plus pathétique des prophètes en colère. De son pied, il écrasera la Terre et, dans sa main droite, Il émiettera la Lune tout en massacrant toutes les étoiles de sa main gauche. En quelques heures seulement, il ne restera plus rien du monde qu'Il avait créé des millénaires plus tôt. Malgré la noirceur généralisée, Il trouvera Sa colère insuffisante, imparfaite. Après avoir repris son souffle, étendu dans la pénombre parmi les vestiges d'un univers qui n'existera plus, Dieu se lancera dans son renouveau.

Les recommencements sans conséquence sont des luxes que seuls les dieux peuvent se permettre.

Dans le désordre noir qu'aura créé Sa colère, Dieu repensera les fléaux, les déluges, le temps, l'Égypte et ses plaies. Il dessinera de gris l'annihilation, la vieillesse, la misère, la peste, la pauvreté. Le monde tournera lourd et courra à sa perte pour la deuxième fois.

Faute d'inspiration, Dieu redessinera un Éden rempli de pommiers aux fruits virulents et interdits.

Adam et Ève n'auront qu'à bien se tenir, comme toi et moi.

Après avoir gémi et souillé son pantalon, le curé me refuse l'absolution que je ne demande pas.

Je quitte l'église seule et je prie pour commettre un autre péché avec toi, mon Télesphore.

19

La luxure et le sacrilège

Jeanne se charge d'assurer mon avenir. Elle le veut meilleur, et souhaite qu'il commence rapidement, car elle ne peut plus me garder auprès d'elle. Sa propriétaire la menace de nous jeter toutes les deux à la rue parce que j'occupe avec ma sœur une chambre soi-disant conçue pour une seule personne et que je ne paie aucun loyer.

Selon Jeanne, je n'ai que trois choix : marcher dans ses pas, me marier ou entrer en religion. Ma sœur me supplie de ne pas suivre ses traces. Elle paie fort le prix de son indépendance et de sa solitude, puisqu'il lui faut constamment en aimer d'autres pour être seule.

Elle me prévient : les hommes ne sont que légèreté et supplications factices. Dans leurs yeux rapaces et insatiables, le feu n'est qu'artifice.

Elle me met en garde contre cette vie qu'elle a choisie et le fardeau qui accompagne l'existence des filles de joie.

Dans leur monde, il y a tant à perdre, à supprimer de la mémoire et à maudire d'avoir connu.

Il y a des yeux qui veulent, exigent, espèrent, brûlent et errent ; des yeux qui n'en peuvent plus de ne plus voir.

Des yeux qui obligent d'être consolés.

Des yeux qui remuent ciel et terre de leurs désirs.

Des yeux fouillant le plus creux des océans pour trouver, dans le néant liquide, ce qui ne peut être trouvé.

Des yeux qui connaissent toutes les couleurs du ciel et qui n'exigent rien de moins que leur présence dans les yeux de celles qu'ils paient.

Les dix plaies d'Égypte s'en bercent dans le septième ciel.

Je ne veux pas devenir comme ma sœur ni me faire l'épouse d'un Dieu qui m'a déjà reniée ni celle d'un homme autre que toi, mon Télesphore.

« Il faut te trouver un bon parti », me répète-t-elle, espérant influencer ma décision.

Jeanne m'apprend à bien m'habiller, à me coiffer, à me farder, à bien me tenir. Elle m'oblige à scruter les filles dans les catalogues et à étudier le règne du corps parfait.

« On nous aime pour notre beauté. C'est tout. »

Oui, ma sœur. Les images sont des règlements à suivre. Les gens n'aiment que le brillant portrait qu'on leur brandit à la figure. Tout autre motif de l'amour demeure vivement et infiniment inconnu.

Je rôde près du couvent du village. J'épie les jeunes pensionnaires de familles riches. J'étudie leur port de tête, leur tenue, leur coiffure…

Pour ma sœur, la beauté est longue et chère à engendrer et si vite oubliée. À 26 ans, elle lui glisse déjà entre les mains.

Elle est sûre d'au moins une chose…

Un jour la beauté la tuera.

Quant à moi, je deviens du jour au lendemain une chétive poupée trop maquillée pour faire front à la laideur et, surtout, à ceux qui la portent.

« Il te manque des rondeurs, mais pour le reste, tu sembles presque bonne à marier », me dit tendrement Jeanne.

Je ne veux pas épouser qui que ce soit. Je cherche plutôt une solution pour être désirable à tout jamais auprès de tous les hommes et régner ainsi sur eux et sur mon destin.

J'émiette les feuilles au cœur de la belle saison qui s'amorce. Je les écrase dans ma paume. Je les force à me confier leur printemps, à verser leur tendre verdure dans la mienne.

Je dors parfois dans le placard lorsque Jeanne reçoit des clients qui passent la nuit chez elle. Je veille à ce que les clients ne prennent pas la fuite avec le fruit de son labeur. Ma sœur n'a pas ni l'ambition ni le courage de la vertu écrasée. Alors elle boit la quasi-totalité de son gagne-pain pour continuer à se livrer à sa vocation sacrilège et ô combien indispensable pour survivre. Quand un client veut prendre la clé des champs sans payer son dû, je sors de l'ombre et je lui bloque le chemin en le menaçant de ton couteau. Je l'oblige à remettre à ma sœur ce qu'il lui doit.

Mais la plupart du temps, je sors de ma cachette ni vue ni connue lorsque ma sœur et son client ont terminé leurs ébats et qu'ils dorment comme des bêtes épuisées. J'observe l'homme du soir affalé dans le lit de ma sœur. Il ronfle silencieusement et paisiblement devant moi.

Rêve-t-il à moi, même s'il ne m'a jamais croisée ?

Ses bras et son sexe sous les draps se soulèveraient-ils pour moi aussi vite que les plus folles tempêtes ?

Je ne peux m'étendre à ses côtés, mais je réclame d'exister dans la mire de son désir. Alors, je me fais belle dans le noir.

Crèmes, parfums, fard et rouge à joues se succèdent sur ma peau dans la nuit.

Je me fais silencieuse, délicieuse et désirable.

Je m'observe longuement devant la coiffeuse, puis je ferme les paupières. J'espère croiser le regard de tous les hommes endormis, derrière leurs yeux clos et les trouver là où ils vont en rêve. Je veux qu'ils m'attendent, tous, et qu'ils espèrent cette nouvelle femme que je scrute dans le miroir.

Car le sang qui coule dans mes veines est dorénavant celui d'une autre, celle qui s'additionne à la souillon que tu aimais dans la chute des anges, la luxure et le sacrilège ; celle que toi seul savais bien aimer Mal, comme si tu la blessais tout en la pansant, la tendresse sur le couteau.

Cette autre en moi fait promettre à la souillon de ne plus jamais avoir besoin des bras d'un homme dans la nuit.

À jamais, j'exige de régner sur ma beauté.

Seule.

20

L'Autre

Mon père sait où je me terre et menace de me faire enfermer dans une maison de correction si je continue à vivre chez ma sœur.

Je ne suis pas majeure. Me revoilà de nouveau piégée.

Du métier de ma sœur, je veux vivre. C'est décidé. Je prends le premier train pour la ville. Jeanne craint pour moi, mais souhaite plus que tout me voir échapper à notre père et choisir mon destin.

« Les hommes nous aiment pour notre beauté. Ne l'oublie jamais. » Jeanne me met fébrilement en garde sur le quai de la gare en m'embrassant et en me remettant un vieux bas de laine rempli de maigres économies.

Elle me recommande à son ancienne patronne qui tient une maison de chambres, une femme qui, moyennant une cote, sait se montrer sensible aux âmes perdues en quête d'un autre bonheur.

La sensibilité a toujours un prix.

Les clients s'enchaînent rapidement. Matin, midi et soir, j'ouvre la porte de ma chambre aux hommes alors que le ciel se couvre les yeux et que les tempêtes se lèvent sur la pointe de la croix des clochers et au plus profond de nos corps. Bien vite, les yeux se ferment et les ombres dansent derrière les paupières closes et mouillées. Elles valsent, se marchent sur les pieds et trébuchent dans d'énormes flaques de désirs inassouvis. Transies, elles se relèvent sans présenter leurs excuses d'être aussi trempées. Personne ne sait d'où la vague qui nous porte a pris son élan ni où elle aboutira. Nul ne sait marcher sur les eaux. Il n'y a qu'une marée qui retombe sur sa pareille.

L'amour dort au dépotoir, alors que client et marchande se divisent en deux armées. Car ce genre de rencontres exigent une distribution de rôles distincts : je donne, ils reçoivent. Je concède. Ils prennent. À chacun sa tâche.

Le plaisir n'est pas mutuel, mais individuel. Le mien ne dépend que de moi, et j'ai appris à toujours y trouver mon compte.

Chacun choisit son camp pour l'espace d'une jonction diurne ou nocturne. Incarner jusqu'au bout la séductrice ou la possédée, être complémentaire à souhait, sans jamais marcher sur la vocation de l'autre ou rater la mienne : voilà mon rôle. Il me faut bien choisir et assumer entièrement mon choix. Je me fais villageoise affriolante ou démone soumise. Je suis pieuvre à tentacules immobiles ou bête monstrueuse et sublime faisant frémir aussi loin que dans les rêves d'enfance. Je suis reine des ténèbres et des creusures dévorantes, ou taureau capable de mettre tout à feu et à sang, à Dieu ou à Satan.

Même asservie, je suis opérante et joueuse hors pair. Je sais grossir les rangs des aguicheuses, des charmeuses et des provocatrices qui l'ont bien mérité. Je sais agacer et m'agenouiller au pied d'un ogre ou d'une brute, devenir fruit irrésistible défendu ou fendu. Devenir invitante et désirable jusqu'à la fin des temps, ce n'est que du gâteau. Je sais performer puissamment, me donner infatigablement et inlassablement, incarner la fleur délicate et froissée, tenter, allumer. Et surtout, faire jouir, tel un volcan vorace et intarissable.

La transaction se consomme. Tout s'arrête, sauf la poésie de deux corps. Sans mot, nous sautons à pieds joints dans le vide et dans ce semblant d'amour éclair, explosif et lucratif.

Pour un instant, je porte tous les noms de femmes de ma génération.

Je suis Marie.

Je suis Madeleine.

Je suis Marie-Madeleine ou Jézabel.

Je suis elle, je suis l'autre.

Je suis mère, sœur ou fille.

Je suis à lui, à croquer, à l'envers.

Je suis coquine du mardi, de novembre ou de l'année.

Je suis princesse bissextile.

Je suis amante de l'aube, frangine en culotte, confidente de caresses fatiguées.

Je suis souvenir de tout, de rien.

Je suis des bras, des flancs, des seins ; un corps offert à ceux en quête de paradis périssable.

Je ne suis personne. Jamais moi.

Mais je n'ai jamais été aussi près de l'être.

Et rien ne m'échappe, sinon il me faut payer ma faute en silence chez la faiseuse d'anges.

Mais jamais devant Dieu.

À mon jeune âge, je sais déjà que les voies de Dieu sont impénétrables, que Ses doigts sont sales, si impurs.

J'aime là où je dérange Dieu, là où je peux Le voir. Alors quand je me fais agripper, je me dis que c'est moi qui L'empoigne, Le brise, L'enlace, Le flagelle, L'embrasse, Le saisis par les flancs, Le prends pour raser Sa barbe dans laquelle Il a trop ri.

Dans l'obscurité du matin ou du soir, les ébats de deux corps s'épuisent sous des draps sales. Pendant un instant, nous sommes deux chiots recroquevillés l'un sur l'autre dans une vieille niche, deux oiseaux sur la pointe noire de l'aube, deux enfants en punition dans une pièce recluse. Le silence est le seul jeu auquel nous pouvons encore nous adonner. Les fenêtres sont ouvertes. Les rideaux ricanent en se bedonnant au gré des soubresauts du vent. Dehors la tempête se lève ou tombe à la place du jour ou de la nuit.

Je choisis ce destin d'amours crasses.

Je vis, je survis, *surexiste*, je *surréalise* dans le regard de l'Autre.

Je suis belle, du moins, j'ai appris à en créer l'illusion.

La beauté est un art qui s'apprend au rythme où les pleurs grillent et crépitent dans le four à chaux.

Je veux les yeux des hommes, m'emmêler à tout jamais dans les ficelles de leurs regards.

Je veux leurs rayons d'étonnement qui se déversent de leurs yeux inconsolés.

Je veux boire la mer de leur désir jusqu'à la lie.

J'ai appris à me faire belle pour survivre et cela me suffit, même si mon cœur badine encore avec le vide.

Et avec toi, mon Télesphore.

21

La soif et le vide

Je suis en famille, et famille il n'y a point. Il n'y a que d'insignifiants clients.

Ce n'est pas la première fois, hélas. Impossible de me remuer les entrailles. La mise en garde du médecin est sans équivoque : une autre visite chez la faiseuse d'anges me mènera tout droit dans la tombe ou en prison.

J'ai eu trop peur de mourir les précédentes fois.

Je suis encore et encore prise au piège. Les solutions s'en noient dans la rivière.

J'écris ma détresse à Jeanne. Ce n'est pas elle qui vient à mon secours, mais Napoléon qu'elle m'envoie comme un ange salutaire.

Napoléon me crache ses volontés à la figure. Il veut m'épouser, et ce depuis toujours.

Il me sait forte et travaillante ; il m'a déjà vue à l'œuvre dans les bois. Voilà la preuve indéniable de ma capacité à lui engendrer au moins dix enfants ; voilà son si désolant gage de bonheur.

En espérant le voir fuir, je l'informe de l'enfant que je porte.

Sa réponse m'afflige au plus haut point…

« Il ne sera pas difficile à aimer s'il est aussi beau que toi »

Les hommes nous aiment pour notre beauté.

Je ne l'ai jamais oublié, chère Jeanne…

Napoléon insiste : il me veut pour femme.

Et moi je me veux tout entière.

Je décline le demi-ciel. Je veux tout le firmament pour moi, son néant mauve et son vertige de possibilités et d'impasses.

Je vis de vide. Je vis de soif ; j'en ai fait mon alliée depuis longtemps. Je remonte jusqu'à sa source, complètement avide, remontant aux origines du besoin.

Être feuille morte au seuil de l'hiver. Mon destin prisonnier de l'arbre qui me larguera quand bon lui semblera. Je ne veux point, je refuse, je rejette, je dédaigne.

Le Saint-Rien et ma faim de lui, ce seul et unique étourdissement pour tout soulagement...

Oui je le veux.

Être la plus belle des furies.

Être la plus forte des rouges nervures.

Être le plus flamboyant des incendies...

Oui, je le veux.

Napoléon a ce grand défaut de ne pas être toi, mais je ne veux pas mourir et je ne sais que faire de la corde du pendu.

« Tu me dois au moins ça. »

Son ultime argument.

Napoléon réclame cette vie qu'il a jadis sauvée dans l'étang de Sainte-Sophie.

Ma vie, la seule chose qui ne m'ait jamais été offerte. Tout le reste, j'ai dû arracher.

L'impasse est aussi démesurée que le royaume de Dieu.

Je laisse derrière moi ce destin de liberté que j'ai à peine eu le temps de dessiner. Il s'efface aussi rapidement qu'on abandonne le regard tendre d'un étranger au sortir d'un train.

22

Les Marie-Anne

Je rentre à Sainte-Sophie au bras de Napoléon.

Les villages ramènent à eux les enfants qu'ils ont rendus prodigues.

Un mariage est vite arrangé, presque à mon insu, aux plus grands malheur et déshonneur de la famille de mon promis.

Mon voile blanc obscurcit ma vie et tout devient pénombre.

Parmi les convives, il y a toi…

Et la tienne de femme…

Nous portons toutes deux le même prénom. La providence a sacré un sens de l'humour.

Contrairement à moi, ta nouvelle Marie-Anne n'a jamais été souillon. Elle a toujours su incarner la beauté sans le moindre effort. Sa peau douce et laiteuse se fait invitante pour tes mains qui ne cessent de se poser sur son corps.

Ses cheveux bien coiffés, sa tenue impeccable, ses dents blanches…

Tout semble mettre en valeur ses yeux plus gris que les miens.

Oui, ton épouse est parfaite et moi, en constante tentative de perfection. Elle ne connaît aucunement le naturel à tuer et à tuer encore pour qu'il ne revienne jamais au galop. Elle est tendre, polie et éloquente. Elle a même la délicatesse de me complimenter sur ma tenue. Je lui en veux d'être aussi irréprochable, mais surtout, de la voir recevoir tout ce qu'il y a dans ton regard.

Tes yeux lui parlent constamment de parcelles de cœur, de joie de terre et d'étoiles insaisissables.

Tout ce qui m'appartient.

Seulement, je vois clair en toi. Je te connais mieux que tu ne te connais toi-même, mon Télesphore. Son parfum, ses vêtements de dame et sa contenance t'hypnotisent, certes. Mais quand tu la serres contre toi, ce n'est pas ta femme que tu embrasses ; c'est ton propre désir, ton dû, ta rage de vivre, un corps ferme, bien mérité, et tu le fais sans raison ni pensée. Ta Marie-Anne est un rêve, un antidote au vide, un trophée. Elle est sublime, elle a tout pour plaire au moyen des cœurs écorchés et cela te suffit. Mais son amour de femme modeste, courtoise et bien posée, ne saura jamais te rassasier comme Marie-Anne-la-souillon sait le faire.

Pour l'instant, je n'existe plus ni dans ton esprit ni dans ton lit. Tu as déjà tout ce qu'il te faut dans ce leurre de vie que tu mènes avec elle.

Même encore aujourd'hui, ces maigres souvenirs de ruisseaux enlacés se débattent comme de sordides noyés dans les vides que tu as laissés, ces noirs océans de ma mémoire.

Gare à ta dulcinée si ma douleur devient trop vive ! Une Marie-Anne en remplace bien une autre. Tu n'es pas sans le savoir, mon cœur.

Il ne tient qu'à moi de la détrôner pour te rappeler ce qui n'existe plus entre tes doigts.

23

Limbes

Ma vie avec Napoléon est creuse, sans saveur.

Sans couleur.

Je purge une peine maritale m'obligeant à attendre à l'infini la fin des saisons, du monde, du carême…

De l'inexistence en marge de l'Autre.

Ma vue s'obscurcit d'éclipse rouge en éclipse rouge.

Les fleurs ont sacrifié tous leurs pétales.

Je m'occupe à embrasser mes démons.

La cendre rit, nos souvenirs coulent dans la vase et la morosité s'endort noire dans les cieux perforés.

Tous les soupirs sont des prophéties.

Je suis sel incolore, encre et sang… Ma propre tourmenteuse, tous ces cris et ces regards qui s'épuisent dans mes veines, ma guillotine de tendresse.

Napoléon a cette volonté de grands gestes qu'il ne pose jamais. Il se donne sans toucher, en poussant, derrière ses soupirs, des hurlements bleus.

Il pleure sans larmes et ajoute son mutisme au silence.

Il me couche sur de troublantes perles, son cœur transi sur le mien.

Nos organes ne fusionnent pas.

Nous sommes deux vides qui ne sonnent plus.

Nos poings sont faibles, ouverts, irrémédiablement, pour tout ce qui est à perdre ou à pendre.

Nous nous aimons dans une photo d'une mauvaise photo, selon une imitation d'une imitation d'autres ébats, un calque d'une langoureuse périphrase maladroite et épuisée.

L'enfant dans mon sein s'en désole amèrement.

L'urgence est brisée, l'absolu comateux.

L'enfant que je porte fait naufrage de lui-même dans mes eaux troubles et gelées.

Je suis mariée. Je ne perds rien pour attendre. Un autre rejeton s'incrustera dans mes entrailles.

Le Mal est fait. Le Mal sera fait.

Éternellement.

L'envie de vengeance grossira dans mon sein chaque fois que je porterai un enfant ; j'en ai la profonde conviction. Capituler, consentir à l'Autre et se compromettre silencieusement jusqu'à s'en suturer les yeux…

Voilà ce qu'être femme.

Pour nous, la vie est une grise grimace, une cage aux barreaux englués de goudron pour bien tacher celles qui parviennent à s'en échapper.

J'ai souvent vu le bonheur au loin devant moi, vêtu de moments clairs-obscurs. S'il avançait ou s'il s'éloignait, je n'ai jamais su.

J'oublie souvent qu'il est à bord du train duquel nous avons sauté, mon Télesphore.

J'ai caressé tous les lilas et tous les soleils. J'ai tout vécu avec toi.

Et maintenant tout me lasse.

24

L'AURORE MARTYRISE L'ENFANT

Les semaines, les mois et les années passent et le lit de mon mari est toujours congelé.

La nuit, dans mes prières, je le supplie de m'aimer comme si j'étais une autre…

Celle que tu aimais Mal.

Celle que tu aimes désormais dans l'absence.

Au petit jour, je me réveille, la clarté dans la main.

Les oiseaux font peur ; le moindre gazouillis dérange, la lumière est étrange et la nuit mourante guette le jour qui aura tôt fait de l'assassiner.

L'incertitude sèche dans ma gorge, le grand dérangement serre ma poitrine ; le trouble est lourd, complet et partout.

Je ne veux plus. Je ne peux pas.

Janvier et petit matin s'étreignent et m'assaillent jusque dans mon lit. Mon mari ne s'est pas levé durant la nuit pour ranimer le feu.

À vingt-six ans, Napoléon meurt comme il a vécu, manquant et absent, comme un train qui n'entre jamais en gare.

La santé de mon jeune mari aura été aussi chancelante que son amour.

Depuis la fenêtre de la chambre, le ciel naît au jour et la terre brille de froideur, comme son corps inerte allongé à mes côtés.

On regarde tant d'aurores s'enflammer pour mieux regarder s'étouffer le feu dans l'âtre.

Tant de jours s'éteignent alors que l'incendie s'emmêle, rouge, dans les ficelles de l'âme.

On a froid dans le plus dévorant des brasiers.

Les gorges enflent et brûlent, même là où abondent les sources.

Je deviens veuve, une abandonnée de braises, un rejeton du charbon.

Je suis douée pour ce qui s'éteint.

Je suis momentanément soulagée. Je pourrai peut-être enfin replacer les constellations dans le ciel. Ou imaginer d'autres soifs, d'autres soleils, d'autres carrefours, d'autres portes, d'autres vœux, d'autres naissances ou d'autres morts…

Je me leurre.

Les années et les couches se sont succédées à mon insu. J'ai maintenant cinq bouches à nourrir, des vies qui dépendent de la mienne.

Je me défais rapidement de la plus jeune que je réussis à refiler à des parents aimant les fardeaux. Mon geste est célébré, adulé même. « Vous êtes dans nos bonnes grâces », me clament le curé et les villageois. « Donner sa plus jeune enfant en adoption à des parents stériles et punis par la providence… Quelle offrande ! Quel sacrifice ! »

Ils confondent désintéressement et désintérêt.

Il me reste tout de même quatre enfants à élever, à réussir…

Des mousses dont je ne veux pas. Des flos dont je n'ai jamais voulu et qui ont fleuri en moi contre mon gré.

Mes matins ne m'appartiennent plus depuis longtemps.

L'aurore martyrise l'enfant.

De toute éternité.

L'enfant martyrise l'aurore.

Sempiternellement.

L'aurore martyrise l'enfant.

Pour les siècles des siècles.

L'enfant martyrise l'aurore.

Incessamment, dans un combat sans fin, sans merci, sans parole…

Insidieux.

Ainsi Dieu.

25

Immaculée Inconception

Je veux mes robes libres de tempêtes, mais mon veuvage est déjà menacé.

« La femme de Télesphore est malade. C'est ta chance. Tu es maintenant très belle. Il voudra de toi, c'est certain. Montre-toi charitable envers lui », me répète mon entourage.

Je n'ai pas à tenter quoi que ce soit. Tu me relances toi-même jusque dans ma maison de veuve. Tu es subjugué par celle qui se dresse devant toi. Le vent d'avant l'orage a séché mes vêtements et toute ma vie de souillon, ne me laissant aucune goutte de pluie à laquelle m'abreuver. La sécheresse et la soif me vont bien.

Tu ne perds pas de temps et m'annonces que tu me veux à tes côtés pour élever ta marmaille qui sera bientôt orpheline de mère. Tu veux que je remplace décemment celle qui porte le même prénom que moi, celle que tu appelles ton « grand amour » et que tu qualifies d'irremplaçable. Tu me veux pour deuxième femme.

Femme. Deuxième.

Tu évoques le mariage de raison. Je suis maintenant mère et veuve. À la bonne heure ! Tu vois Madame Napoléon Gagnon, veuve de ton cousin, une femme bien, enfin belle à tes yeux. Le désir me donne les traits de celle tu convoitais en rêve depuis toujours. Il nous aveugle et se met à nu au fur et à mesure que nos vêtements tombent sur le sol.

« Alors, veux-tu m'épouser ? M'aimes-tu encore ? »

Certes, je t'aime encore, mais…

C'est trop facile. C'est la nuit, c'est vieux, c'est presque fini, c'est le soir, c'est surtout l'hiver. C'est trop tard, c'est souvent tout simplement trop ou pas assez, c'est gris, c'est lourd, ça pèse, ça creuse, ça déchire, ça s'effrite, ça fait mal et ça ne fait plus mal. Ça fait mal là où ça ne faisait plus mal, ou presque, ça ankylose, ça gèle, mais ça dégèle parfois.

Ce n'est pas ici, c'est irrévocablement ailleurs, même si l'on veut retourner *Là où était ici*[3].

Il me pèse de devoir tout recommencer avec toi.

Une terre promise, pure, neuve, intouchée, inviolée, voilà ce que je demande pour nous deux, à cor et à cri.

Ce crémage sur ce gâteau que tu as déjà me répugne. Je me refuse d'incarner ta consolation ou ton dépit.

---

3. Clin d'œil au recueil de poésie d'Hélène Monette, *Là où était ici*.

J'acquiesce en silence.

Mais le cri en moi, je le nourris, comme une semence noire, une mauvaise herbe inestimable, une verdure stridente et immense, un bourgeon blanc et perçant dans mes veines froides, bleues et insatiables.

Je l'arrose telle une pousse fougueuse, grandiosement venimeuse.

Je deviens vite ta femme et je porte déjà ton premier enfant sans même m'en rendre compte.

Sainte-Marie, mère de Dieu, le fruit de mes entrailles est maudit. Le Seigneur est trop avec vous, vous qui vous êtes fait engrosser malgré vous. Faites de moi l'Immaculée Inconception.

Je prie, j'implore, j'invoque. Mais il n'y a pas plus absents que les saints.

Il me faudrait avoir devant moi cette enfant que j'ai été et la battre pour anéantir toute faiblesse en elle.

Les grands égarements auraient été mon salut, si j'avais su croire en moi un peu plus.

Il faut faire paraître devant Dieu ce que la vie a édifié sur ma route à mon insu et à mon corps défendant.

L'issu du destin féminin est le résultat de la fragile et chaotique rencontre des dés lancés à la figure des étoiles déjà filées.

26

Enfantements à rebours

« La p'tite maudite s'est encore rangée », disent et redisent les villageois avec dédain, jalousie et moquerie.

On me croit heureuse, chanceuse même, pour la souillon que je suis. Mon bonheur porte désormais le même visage que celui des autres. Seulement, leur félicité est usée, érodée, crevée. Ceux qui trouvent leur bonheur insipide veulent imposer aux autres un malheur magistral ou, à tout le moins, briller du même éclat qu'eux. Les gens sans histoire connaissent un bonheur exquis, ineffable, jusqu'à ce qu'on veuille s'en emparer...

Les gens sont défectueux et leurs défauts sont les nôtres.

Si seulement, il pouvait en être autrement. Je te laisserais m'ouvrir très grande et le vent soufflerait entre mes griffes de poèmes. Je nous évincerais du monde. Tu n'aurais qu'à me laisser faire. Je nous saisirais la vie à bras ouverts, pour la faire rire entre les larmes.

Je liquéfierais les brasiers sur ma peau trop caressée de doigts anonymes.

De nos gestes et des échos de nos pas, je nous construirais un temple.

Comme autrefois, nous serions libres de jour et époux de nuit.

Les bourdonnements des ruisseaux de Sainte-Sophie seraient nos seuls commandements.

Pour l'instant, je suis ta femme irréprochable.

Mais à ton insu, je promets de faire tabula rasa de nos vies respectives pour ressusciter nos rêves.

Je *virginiserai* nos existences, et si jamais un enfant se met en travers de mon chemin, je le tuerai.

Je compterai un à un mes enfantements à rebours, remontant la trajectoire de mes eaux crevées et des filets de sang chaud entre mes jambes jusqu'à mes entrailles.

27

Entre l'hécatombe et l'acte de Dieu

Mais mes eaux se crèvent assidûment.

Mes enfants, mes fantômes en devenir, mes hantises à chasser… Rappelez-vous : père et mère vous honorerez.

Retournez au plus profond du sein de cette mère que je ne suis pas, que je n'ai jamais été, que je ne veux pas être.

Il me faut remettre mes enfants à la mer, ne point les tirer des eaux, inverser l'acte de Dieu, réinsérer mes chérubins dans ma matrice, les laisser s'édifier en rétrécissements dans mes entrailles.

Allez, chers enfants, remontez le temps, retournez jusqu'à la Genèse s'il le faut.

Comme Abraham, j'obéis.

J'ouvre la voie.

Je suis pionnière.

Je suis première.

Je suis colère.

Je suis prodigieusement souillon.

Je dépoussiérerais volontiers la mer.

La tâche s'annonce ardue.

Le joug sera long à secouer.

Aride sera l'aurore.

Gérard, Georges, Marie-Paule et Cécile, quatre petits poucets de ma première union à égarer loin dans les bois. Il ne faut pas oublier non plus Joseph-Charles-Édouard et Yvette que la providence m'a déjà reprise des mains.

Mieux vaut être ange qu'enfant, je vous en donne ma parole de scélérate, mes petits trésors.

Et puis, il y a la tienne de progéniture : Marie-Jeanne, Aurore, Georges-Étienne, Lucina et Joseph.

Si nombreuses ces épines sous mes pieds.

J'écris les noms de toute cette marmaille sur du papier que je froisse et jette au feu.

Je frapperai sur mes enfants à défaut de pouvoir écraser ceux qui ont pour moi pipé les dés.

Si floue, si pâle cette ligne entre l'hécatombe et l'acte de Dieu... Je n'ai jamais été douée en dessin ni dans le traçage de traits bien droits. Mes mains sorcières tremblent encore sous les coups de règle des bonnes sœurs trop sévères.

Je borde si bien Joseph qu'il s'étouffe sous sa paillasse.

Je nourris si bien Lucina qu'elle s'en étouffe.

Aucun ange ne vient m'arrêter. Dieu ne cherche point à éprouver ma foi.

Alors je viole la vertu ordonnée et je me conforme à ma propre volonté.

L'enfant que je porte ne perd rien pour attendre.

Tombe le couperet sur la tête de mes enfants qui s'éteignent doucement les uns après les autres.

Je me fais Pénélope ; mère dans la lumière, défaiseuse dans l'ombre.

Pour moi, pour toi, pour nous.

Dangereux est mon bonheur.

28

Aurore

Vient le tour d'Aurore d'en payer le prix.

Ses cahiers se remplissent de tempêtes.

Je lui impose d'impossibles fardeaux pour qu'elle apprenne la lourdeur aussi bien que le Messie connaît le poids de sa croix.

La vie dure et la violence vive, je lui fais, voracement.

Aurore en sait beaucoup trop pour son jeune âge.

Elle porte tous les vides, à tous les tournants. Aurore sait…

Qu'il y a tant de fleuves de faiblesses de fois fauves et franches.

Qu'il y a tant de vérités.

Qu'il y a si peu de miracles.

Que les plaies abondent.

Que son père m'obéit promptement lorsque je lui commande de la frapper.

Que son père préfère mes charmes à son destin d'enfant.

N'est-ce pas, mon Télesphore ?

Mais Aurore ne saisit rien de la vie, son incompréhension est infinie. Longtemps, elle a su pleurer pour défier tous les torrents. Elle connaît maintenant l'étendue du sel qu'ont laissé ses larmes épuisées après avoir bu l'océan, comme une mer morte désapprend l'eau.

Aurore danse dans des cases départ et fonce à cent milles à l'heure dans toutes les mauvaises directions, vers la poésie du dérangé. Elle est loin, à des kilomètres en direction du noyau terrestre, là où la profondeur de la blessure atteint sa limite, là où le poète se terre.

Là où je ne vais pas la chercher.

Là où je la laisse mourir peu à peu.

Alors qu'elle désire se fondre dans l'invisibilité en caressant les poteaux des clôtures, je la roue de coups. Aurore contemple les arcs-en-ciel sur sa peau, les contusions mauves, bleues, jaunes et vertes. Elle connaît les injures lancées au visage, l'obscurité bien peignée alors qu'elle est enfermée au grenier, le petit bruit sec que fait l'os quand il casse et cède sous le poids de mon acharnement.

La mort l'appelle par son nom, le gris lui tend la main, mais *Une clarté minuscule*[4] lui ébouriffe les cheveux en lui rappelant de tenir bon. Les couchers de soleil se gravent dans ses yeux ; les yeux dans la poussière de demain.

Demain à électrifier sur sa tombe.

Lorsqu'elle réussit à disparaître dans l'arrière-cour, sa tête lourde se berce près de l'azur éteint dans une torpeur solaire. Elle dort le dos contre un arbre parce qu'elle est fatiguée, parce que le soir elle ne dort pas,

---
4. Clin d'œil au recueil de poésie de Robert Yergeau, *Une clarté minuscule*.

elle non plus, parce que son âme n'est accrochée à aucun fuseau horaire, parce que les papillons se taisent la nuit. Elle se perd dans des ruines de noirceur à force d'écouter les grincements de lune et de fixer l'obscurité pour dénombrer ses multiples couches.

Et au petit matin, l'aurore qui porte si bien son nom a des fentes dans les yeux.

Pour ma proie, tous les jours sont sarcophages, des funérailles d'elle. Les points cardinaux lui donnent la nausée ; les heures lui tiennent fermement la main.

Parce qu'elle est coupable d'exister en travers de mon bonheur.

Les cendres sont de ciel et lui parlent déjà.

Tu es poussière et tu retournas en poussière.

Si bien apprise, la parole du Christ.

Sur sa peau de linceul blanc, je lui fais porter mes stigmates et plusieurs autres pour raviver la brûlure des volcans absents. Je lui inflige d'un seul coup toutes mes souffrances de femme pour que le ciel lui revienne au plus vite.

« Allez, meurs très chère enfant », que je lui récite dans mon cœur comme la plus douce des berceuses, au rythme des coups que m'assène ce nouvel enfant dans mon sein.

« Il est vain de devenir femme, chère Aurore. »

Aurore meurt, à jeun, au cœur de l'hiver, bien avant le carême, dans toute la force du sel.

La terre tremble dans tout le village et dans tout mon cœur aussi.

On ne m'adresse plus la parole.

La mort d'Aurore fait son œuvre.

Nous sommes inculpés.

Ma quarantaine devient inviolable.

On me laisse désormais tranquille dans ma soif.

Il faut se méfier de ce que l'on souhaite.

La justice que l'on se fait est aussi droite que la fureur des torrents.

29

Les gestes

Ils sont si nombreux à assister à mon procès. Les hommes aiment tant contempler le sang en couleur et voir les têtes rouler.

J'en suis réduite aux gestes que j'ai posés.

« J'ai vu la petite affalée sur le plancher du grenier. »

Exilda Lemay, notre voisine, décrit en long et large comment elle a trouvé le corps de ta fille.

Elle me maudit plus que Dieu lui-même.

Quant aux défenseurs de la loi et de la vertu, ils m'ont déjà condamnée. Pour eux, je ne suis qu'une grotesque diablesse, capable et coupable de tous les crimes impunis de l'Histoire. Mon nom est écrit à l'encre grasse et rouge dans leurs documents d'hommes de haute moralité, comme sur tous les murs immaculés et purs du paradis.

Je suis infâme, longue de morsures, immense de brûlures, moi ta géante de mal blanc.

Je ne témoigne pas à mon propre procès. On me rappelle que ma parole de femme nuirait à mon sort.

Des évidences… de lassantes évidences, toujours et encore.

On me veut sans voix, alors je me fais progéniture du silence ; je me fonds dans l'inutilité de mes cordes vocales ; j'entoure de mes bras ma glotte qui tremble ; je feins l'indifférence jusqu'à l'obsession et je garde la tête haute alors qu'elle est guillotinée, hachée, brutalement, par des lames de souvenirs, par ces accusations qui me vont si bien.

Je porte le blâme comme une mariée porte le blanc le jour de son mariage.

Se succèdent les témoins. Mon frère Willie est appelé à la barre et s'en donne à cœur joie pour me condamner un peu plus.

Mon frère, un minuscule roi, fatigué, incapable et complètement ivrogne. Je sens son odeur de fond de tonne jusqu'à mon banc d'accusée. Comme ma mère, mon frère n'a que le talent de voir les défauts. Il ne pleure pas, ne sourit pas non plus. La veine, il pensait l'avoir autrefois. Mais l'alcool a eu raison de lui depuis longtemps et l'a fait vieillir prématurément. Le sablier de sa vie est fissuré et il n'est plus qu'un vieux matelot dans le désert de sa propre existence. Devant le juge et les membres du jury, mon frère fanfaronne, comme un chien espiègle espère un os ou une maigre pitance.

« Ma sœur était plus maline avec ses p'tits lorsqu'elle était grosse. »

Oui, mon frère. Chacun de mes enfants est une tumeur qui grossit en moi, un carrousel de lames tournant à l'envers dans mes entrailles, l'œuvre de Dieu qu'il me faut immoler. Vivre est un acte exigeant. Il l'est encore davantage lorsque l'on porte une progéniture dont ne veut pas. Je me réveille en sursaut dans la nuit, encore surprise de voir mon ventre enflé. Je le frappe, le roue de coups, le griffe. À quoi bon ? Les tempêtes n'aboutissent jamais à rien et la pluie finit toujours par suivre la trajectoire de son choix. Et moi, je suis invisible, impuissante ; le plus fin des crachins dans le vent. Je *n'intempérie* aucune route, ni rien, ni moi-même.

Marie-Jeanne, ta fille aînée, défend Aurore comme pour la repêcher d'entre les morts, alors qu'elle n'a jamais rien tenté pour sauver sa sœur du temps qu'elle vivait.

La fillette me décrit comme un pirate envahissant le plus beau et le plus heureux des vaisseaux. Elle témoigne du naufrage de sa famille, de son bonheur que j'ai su faire couler au fond, au plus profond des tréfonds, dans de rouges et noires vagues de lave fourbe. Je suis la faux, la pieuvre, le diable serpentant entre les siens pour les achever un à un.

Mes crimes lui coulent des yeux comme d'inassouvissables fleuves.

Elle vomit son jus de vipère et tous s'en empoisonnent.

30

Son père

C'est au tour de mon vieux père de témoigner.

Son père n'est que glace et désolation, un champ et un ciel de janvier infiniment et immensément blancs ne faisant plus qu'un. Il s'avance lourdement près du juge sans me toiser, en portant sur ses épaules tous les fardeaux de ses hivers. Il est courbé comme les branches reluisantes des arbres à fruits en janvier qui pointent vers le bas dans une affliction sans fin.

De sa voix de fenêtre mal calfeutrée, mon père adresse une tendre déclaration au jury.

« Marie-Anne a autrefois souffert d'une méningite… »

Mon père confirme l'argument de la défense selon lequel je suis aliénée ; la première, la dernière, la seule douceur de mon père à mon égard.

Merci, *Son père*, il n'y a que les gestes qui comptent. Je chérirai le vôtre jusqu'à ma mort, comme un bouquet de lilas au printemps, moi, votre meurtrière de fille, votre enfant folle.

Oui, *Son père*, je suis folle. J'ai deux pieds gauches. Je joue à dénombrer les impasses depuis toujours. Je connais la mort et les miettes. Entre les éclipses lunaires et les charbons blancs, je n'ai jamais connu une nuit aux dimensions parfaites. Je ne sais qu'ouvrir la porte du rêve qui devient cauchemar. Mon cœur, rachitique, à broyer, en deuil de chaque seconde qui passe. J'oublie ce que je donne, je donne ce que j'oublie et je sais trop que le rejet se situe aux extrémités de l'amour. Une bien drôle de vie qu'est la mienne, *Son père*. Mes cycles sont vicieux jusque dans leurs contours et mon amertume est multipliée au carré. Il me faudrait la crier au visage du vent et trouver des réponses au seuil de cimetières. Qui suis-je si je ne suis pas morte ? De qui, de quoi ne suis-je pas amère entre mes doigts pointés vers l'horizon qui n'attend plus, qui n'attend jamais personne ? La domination de soi est impossible. Ma tête en perd encore le Nord. Dieu frappe toujours là où Il veut.

Comme Aurore, ma foudroyante incompréhension de la vie est ma plus fidèle alliée.

Aurore.

Horreur.

Mensonge.

Le songe ment.

31

Chagrin à vie

On dépeint largement mes crimes. Mes actes sont impardonnables. Soit. Mais ceux de mes bourreaux le sont tout autant. J'ai seulement oublié qu'un jour j'ai, moi aussi, été innocente, vulnérable, faible…

Une enfant maudite.

Le pire de mes crimes est passé sous silence. Il m'a fallu subordonner mon destin à celui d'un autre, et ce, deux fois plutôt qu'une.

Pour vivre.

Il aurait été sans doute plus vertueux de me jeter à la rivière, me pendre avec mon chapelet ou en avaler un à un les grains.

Ne pas vouloir mourir. Est-ce un si grand péché ?

Le châtiment ne se fait pas prier.

Je suis condamnée à la pendaison jusqu'à ce que mort s'ensuive.

Loin derrière mes lèvres closes, je suis une violente émeute. Je fuis derrière mes yeux vitreux. Je me réfugie auprès de l'ange Lucifer. Je le laisse étendre son corps sanglant et doux sur le mien. Je panse ses plaies, là où il y avait des ailes. Je pose mes mains froides sur ses brûlures, lave son corps de la poussière de l'enfer et embrasse ses larmes, en lui chuchotant des mots clairs à l'oreille. Je l'enlace et le défais de ses chaînes pour qu'il puisse de nouveau porter la lumière, comme à l'époque où Vénus, l'étoile du soir, portait son nom.

Je voudrais lui donner le pardon pour tous ceux qui le cherchent sans le trouver.

Je donne naissance à des jumeaux avant l'exécution de ma peine.

Même damnée, je ne cesse d'étonner.

Comme le reste de ma maigre existence se subordonne désormais aux barreaux de ma cellule, j'accueille mes derniers enfants comme une quasi-mère.

Les représentants de l'Église et bien d'autres se mêlent de ma conjuration. On m'a vu allaiter tendrement mes petits et cela suffit pour croire à mon repentir. Il y a surtout que la peine de mort a de moins en moins la cote auprès des tenants des bondieuseries. Selon mes défenseurs, les parents ont le devoir de corriger leurs enfants et je n'ai pu que me tromper dans ma vertu en respectant mes obligations de mère, comme un ange déchu se perd parmi les vipères se tordant sous les pieds des saints et des prophètes de plâtre.

La clémence est exigée et ma peine est commuée en condamnation à perpétuité.

En chagrin à vie.

32

Les sorcières

Je laisse partir mes angelots de l'autre côté des murs du pénitencier en leur transmettant ce qu'il me reste de ma rage de vivre, en les priant de rêver de jours meilleurs. Voilà ce à quoi se limite le bonheur de toute façon.

Pardonnez-moi, très chers petits. Je ne suis pas mère. Je suis sorcière.

Oui, je suis de celles au destin figé dans les étoiles. Mes ensorcellements s'épuisent dans mon âme et celles de ma marmaille. Il m'aurait fallu tout accepter sans contester pour limiter les dégâts.

Et comme toutes les vilaines des contes de fées, j'ai raté mon coup. Nous, les marie-graillon, nous sommes toujours vouées à l'échec, sans possibilité de revanche. C'est un fait que j'ai sottement tenté de remettre en question. Naïve, je suis. Les ultimes déboires des méchantes sont amplifiés encore et encore dans de vulgaires histoires pour enfants. Les diableries s'en épuisent dans les âmes. Les sorts sont jetés, jetables, brisés, et les sortilèges, gelés dans l'étang.

Les sorcières se plantent. Mais on se souvient de nous.

Voilà notre consolation fleurie.

Il y a des siècles que les sorcières ont vu les têtes de leurs poupées céder sous le poids de leurs illusions et rouler sous leur lit, les yeux hagards, figés et grands ouverts, comme ceux des vieilles catins dont les paupières n'obéissent plus aux règles de la gravité.

Dans le ciel comme dans leur esprit, les sorcières ne tiennent plus le coup. Elles ont vu Alice déguerpir dans ses merveilles et il y a longtemps qu'elles savent que la plupart des soldats qui se tiennent devant elles sont de plomb.

Elles ont fait leurs alliés des méchants loups croupissant et grandissant sous les lits des enfants. Les nuits où le maléfice se vautre dans la faiblesse, elles les entraînent dans la forêt, loin des chaperons rouges mélodramatiques, les prennent dans leurs bras et caressent leur pelage des heures durant.

En vérité, les sorcières et les vilains ont toujours su être à la hauteur de la situation.

La Belle au bois dormant roupillonnait lovée contre sa sorcière bien-aimée dans une haute tour jusqu'à ce qu'un sot de prince ne dérange son sommeil imperturbable.

Le géant savait mieux que quiconque se prélasser loin des humains, en altitude et en plein brouillard, jusqu'à ce que Jacques vienne lui dérober ce qu'il possédait de plus précieux.

Barbe bleue était en fait une femme à barbe qui s'est emmurée, seule, au dernier étage de son château pour fuir les hommes et mémoriser, mieux que tous les druides réunis, chaque contour des nuages. Trop de fois, elle fut interrompue dans sa tâche par des folles à lier venues lui déclarer leur amour en se pendant à son cou, persuadées d'être tombées sur un prince charmant, déchu, ou aigri, sur un roi de cœur rouge passion ou sur un ogre doux et repentant.

L'Histoire et les hommes ignorent qu'il existe tant de sorcières, d'aguichantes chipies, de vieilles déplaisantes, de froides harpies, de louches greluches, de coquettes picouilles en pleine possession de leurs moyens qui n'ont rien à faire de la Sainte-Catherine et de son troupeau de petites ignorantes affables et de collantes connasses à la mélasse désirant à tout prix un mari.

Les sorcières ont leur propre lot. Il n'y a pas plus incomprises qu'elles…

Parce qu'elles sont seules et sans enfants.

Elles savent s'autosuffire et se contenter de peu.

Mais pourquoi diable y a-t-il toujours un gamin ou un chevalier éperdu pour venir brouiller les cartes ?

Dans les jardins des sorcières poussent des fleurs grises dont les pétales un à un ont été retirés par nulle autre qu'elles-mêmes.

Dans leurs têtes bourgeonnent les aurores blêmes et élancent les petits matins lourds et les migraines des alcools trop faibles pour tuer le jour tout entier.

Dans leurs cœurs grondent les tempêtes de mots acides, muets et saignés à blanc sur des chemins de croix électriques ; des voix qui crient au loup leur rappelant ce qu'elles n'ont pas.

Elles méritent d'être laissées seules…

Parce qu'elles peuvent dessiner les yeux fermés tout l'éventail des tempêtes et les extrémités des orages.

Parce qu'elles ont contemplé trop de vérités dans le même étain éclaté.

Parce qu'elles ont trop souvent touché des doigts la vraie couleur des arbres à l'aurore.

Parce que l'hiver est inscrit sur leur cœur à l'encre blanche.

33

Les petits cancers

La prison me plaît. Je connais déjà le bouillon et le pain. Une cellule chauffée, un toit au-dessus de ma tête, trois repas par jour et chauds en plus : c'est bien mieux que ce que j'ai déjà vécu.

Quant à toi, tu es libéré pour bonne conduite, même si ton châtiment était un calque du mien.

On me l'apprend à la blague, pour m'atteindre en plein cœur, mais c'est raté. Ta libération ne m'étonne aucunement. Tu es charmeur et tu as toujours été soucieux de plaire. Tu es beau et la beauté est lieu de toutes les permissions, de tous les possibles. Ceux qui t'approchent espèrent secrètement que ta beauté déteindra sur eux ou, du moins, qu'elle saura camoufler leur laideur.

Je suis bien placée pour le savoir.

Tes lettres se succèdent et les années aussi. Tu me veux encore pour femme. Tu me réclames à tes côtés pour tout recommencer. Tu dis m'aimer, vouloir renouer nos vœux… Plein de mots doux qu'il m'aurait fallu entendre alors que je portais encore mes habits de souillon.

Tu aimes celle qui est devenue belle, celle que j'ai réussi à faire miroiter sous tes yeux.

Tu ne veux pas de la souillon, et souillon, je suis toujours, moi, Marie-Anne Houde, l'enfant terrible, l'enfant bleue, l'enfant rouge, l'enfant de grêle, l'enfant sous l'ongle, l'enfant de l'encre, l'enfant foudre, l'enfant terminale, l'enfant rose, l'enfant interminable, l'enfant silence, l'enfant sexe, l'enfant creuse, l'enfant vase, l'enfant secrète, l'enfant nausée, l'enfant torpeur, l'enfant malheur, l'enfant tison, l'enfant Autre, l'enfant cercueil, l'enfant cicatrice, l'enfant sortilège, l'enfant sacrilège, l'enfant du carême.

Je suis toujours cette petite garce qui regarde le soleil en face ; celle que tu n'as jamais su aimer telle qu'elle était.

Je rejette la mascarade. Ni belle ni laide, je ne suis. Je te l'ai déjà dit et je ne veux plus jouer ni décevoir.

Comme le bien et le mal, l'Autre n'existe pas ou si peu. On n'apprend qu'à être soi, même si je marche derrière et devant moi depuis toujours.

Pour sentence, je m'ordonne d'incarner mes pas.

Je me condamne à moi-même, à mes pensées, à mes souvenirs.

J'aurai enfin l'ambition de mes propres idées.

Je cesserai de pleurer et j'irai voir s'il y a plus de clémence en moi que dans mes chimères.

De toute façon, la vérité se voit rarement dans l'œil de l'Autre.

Il ne me reste que le désir de rêver autrement.

Je jette la serviette sur ma vie, même s'il n'y a jamais eu de festin.

Il n'y a de sainte que la paix et je la veux tout entière pour regarder la lune et deviner ses travers.

La lune et moi, deux fenêtres dans la nuit se miroitant leurs failles.

La lune blanchie de tout crime. La lune sans doute coupable de tout en pensée, mais incapable de tout geste, préméditant sans relâche pour l'éternité dans l'immobilité.

La lune, ce blanc cimetière dépourvu de sépultures. Son chant muet n'est qu'un refrain pour désapprendre l'Autre.

Un beau soir, j'irai au fond de la mer pour la voir se lever et lui rendre ce qu'elle m'a appris.

Pour brûler encore.

Mes deux jumeaux meurent un après l'autre.

Mon abominable œuvre se poursuit malgré moi.

Je suis réduite à rien. À des larmes de sorcière, peut-être…

Je nage dans une fosse commune inondée de vieilles tendresses comme un héros oublié qui se noie lentement.

Assurément.

Les souvenirs sont de petits cancers.

34

L'AURORE ABSENTE

J'ouvre les yeux et tout à coup, je suis vieille.

Au lieu de respirer, j'ai honte.

Je vis en attendant ma mort, l'antenne branchée sur le cercueil.

Je suis un cancer généralisé, une autre lumière éteinte.

Et je bégaye toujours l'existence, même des décennies plus tard.

En me permettant de mourir chez elle, sur la rue Saint-Denis, à Montréal, au cœur de la ville, la sœur de Napoléon m'offre ainsi hospitalité, et surtout charité. Personne ne veut d'une tueuse d'enfants dans sa maison, même si elle se meurt. Mais la Sainte-Église impose la bienveillance, même à l'égard des meurtrières.

Ici, c'est la ville. J'y habite depuis que j'ai pu bénéficier une fois de plus de la clémence des autorités. La prison de Kingston ne veut pas d'une marâtre cancéreuse entre ses murs, alors on m'a envoyé faire pitié ailleurs.

Ici, les pylônes communient, les bancs de parc attendent la confession, les lampadaires obéissent à la volonté de leur propre lumière éternellement artificielle.

Ici, on désapprend tout par cœur, l'espoir se vend au prix de l'essence et les prières tombent du ciel dans une pluie de doigts.

Ici, pour dessiner ce qu'il reste de mon destin, j'emprunte les mains à ces passants anonymes qui ne lèvent jamais les yeux vers le ciel.

Ici, on n'existe pour rien ni personne. Les oiseaux sont partis à la recherche d'autres pôles, l'asphalte dans les rues prépare des homélies, il y a longtemps que les dieux ont abandonné le navire et on rame dans une mer desséchée depuis des siècles.

Ici, les phobies du jour abondent…

Et l'aurore est absente.

Ici, le jour n'est ni porteur de questions, ni de réponses.

Ici, je me construis souvent un nid de soleil, en plein demi-jour, pour adorer et aimer ton fantôme, comme si tous les siècles étaient de paille.

Ici, mes heures sont tissées d'illuminations interrompues pour mieux t'offrir des bouquets de lueurs et des éclats d'échinacées.

Parce qu'ici, il n'y a que d'éternels commencements.

Parce que la solitude est un os à palper.

Parce que l'abandon est un volcan oublié.

Parce qu'encore...

J'existe trop fort là où tu m'as trahie, mon Télesphore.

35

ÉVANGILE DU SOIR

Dans le ciel et la mémoire, mes veines élancent et puisent encore dans les tiennes, mon Télesphore.

Pour tous ces sublimes trous noirs.

Pour toi, pour moi, pour nous.

J'ordonne aux flocons de rebrousser chemin. Je rêve de trajectoires inverses, même si j'ai gardé toutes nos traces de pas, même si les glaces sont condamnées à fondre près des cœurs d'enfants.

Mes bourreaux des mille et une nuits occupent encore mes rêves. Ils me pourchassent, me traînent dans la boue, me décapitent et m'excommunient sans répit. Chaque soir, je peux encore compter sur eux pour me consoler ou m'épouvanter.

Le monde appartient aux vieux bourreaux et à ceux qui se lèvent tôt.

Alors, je ne dors plus. Pour eux, je veille sur la nuit.

Mes derniers jours peuvent-ils m'appartenir un peu si je leur cède le sommeil en échange du néant ?

La nuit s'annonce longue, ma mort aussi.

La mer pleure dans la bouteille.

La faim me hante.

Le fils d'une mère me gruge.

Moi, la vieille enfant, je retourne parfois à Sainte-Sophie dans mes délires. Le train y passe toujours. Il avance encore vers de grands nulle part grandioses, saisissant au passage ces couleurs qui percent l'horizon et tous les pleurs que j'ai perdus dans les paysages.

Les arbres auxquels nous grimpions autrefois sont aussi impuissants que mes ambitions moribondes. Les étangs sont désormais gelés, mais les nénuphars sont toujours au chaud.

Les anguilles dorment bien sous les roches.

En souvenir de nous, mon Télesphore, je m'étends entre les rails gelés, mon corps comme un détritus en plein hiver, dans le goudron glacé, entre deux lignes parallèles inertes.

Je suis un lambeau de soleil ou de lune.

J'imagine sur moi le train…

Comme ton corps à faire fleurir entre mes mains.

Le train... mon évangile apocryphe, ma brèche mouvante dans le firmament, la crevure de ma petite âme, un accroc dans l'étendue de mes contrées maudites, un écueil dans l'air glacial, des échos et des parfums d'Éden brûlés, le divin et le charbon, la grandeur longue et la gronderie large, les anges châtiés tombant du ciel à mes côtés.

Le train est passé depuis longtemps. Je l'oublie souvent.

Il n'y a plus que les froidures, le néant silencieux et l'effroyable abandon d'un chahut éteint.

Dans ma chambre de mourante, il m'arrive de confondre les époques.

Je me revois gamine. Aurore est toujours en vie. On a étonnamment le même âge et je suis sa meilleure amie.

Je me dis qu'à deux, on survivrait.

On laverait le sang dans nos veines.

On parlerait de nos enfers, entourées de majesté devant des monuments de terre noire et humide. Et à défaut de réussir, on mourrait ensemble, à jeun, au carême prochain.

Après s'être mutuellement pardonnées.

36

Petite épitre bleue de cendres

Je t'écris encore...

Parce qu'en pleine nuit, Dieu marche sur les eaux au cœur de Sainte-Sophie.

Parce que dans la forêt, une jeune fille pleure très tard la nuit.

Parce que dans cette même forêt, il y a un amas de branches sur mon cœur : notre vieux campement qui tarde à s'écrouler complètement, parce que mon souffle le tient encore debout.

Toi, mon Télesphore, blanc comme l'oubli, tu es absent comme la vie qui tarde à fleurir dans un jardin d'eau polaire, de verglas, d'arbres amputés, de givre et de ronces dévorant nos horizons bourgogne à saisir, nos étoiles vultueuses, nos violences vermeilles, nos vœux dans la chaux céleste, notre tendresse à l'ombre du corrosif et des cathédrales.

Tu m'as laissé des grains de poussière pour tout amour, derrière des fenêtres rouges.

On récolte ceux que l'on sème.

Les carêmes sont longs, les routes tracées par les blessures, si grandes. Les cœurs demandent grâce et l'enfance n'en finit plus d'être bercée.

Oui, berce-moi là où ça fait mal. Je cesserai de chanter mes vieilles rengaines et j'irai danser à la corde avec les filles.

Je veux enfin gagner, même si je ne joue plus, même si je n'ai jamais joué.

Je veux être la reine de la marelle pour une fois.

Nous, cœurs de coraux écarlates, aubes pointues, il faut nous promettre de ne plus jamais rien promettre. Mais promets-moi de me faire tomber avec toi dans le cinabre de la nuit et dans toutes tes amours…

L'amour grenade, l'amour sacrement, l'amour branche brisée, l'amour poing fermé.

Je me perds trop dans mes éloges du rien, nos puretés de jours heureux trop rares, le noir clair d'une nuit balourde et gavée, les autres cieux à deviner éternellement, pour un vide de toujours, dans la virulence du sel.

Autopsies de nous.

Ma couleur préférée, c'est encore celle de tes yeux.

Nous aurions dû apprendre à parler chez les orages.

Je dissoudrai le langage, mais jamais le silence, notre langue, notre allié, ce lieu de toi et moi.

Le silence est la seule vérité.

L'amour est toujours une prière.

Je t'aime carminé, clair, dévastateur.

Je t'aime, bleu de cendres, bleu décembre.

37

ÉVANGILE ROUGE

Je t'attends pour t'aimer, œil pour œil, dent pour dent, jour pour jour, soir pour soir, cœur pour cœur, sans sucre, ni sel.

Télesphore et Marie-Anne pour toujours.

Souviens-toi. C'est une promesse, un pacte, un évangile rouge sur lequel nous jurons, l'âme sur la cime des arbres, la prêle au fond du cœur.

Pour tout ce que nous avons saigné.

Dis-moi, mon Télesphore, mon jeune vieil amour, quand apercevrons-nous les nuages d'une ère sans sel ?

Le temps est beau quand on dédie des chansons aux nuages ; les anges s'abreuvent de bulles et les vieux péchés s'étreignent, comme les enfants d'une Marie-Madeleine lapidée. Mais encore aujourd'hui, les trains de Sainte-Sophie ne vont toujours pas plus loin que les paysages.

Toi et moi, avons rebondi dans le firmament sans même le chatouiller.

J'ai humé tous les parfums.

J'ai bercé toutes les apocalypses, les vides à parcourir, le chaos tourné, les creux vaporeux indicibles dans les regards.

J'ai fait face au désert qui te pleure, aux blancs des yeux, aux maux suppliants…

Et au sel.

Et malgré tout, même si la mer est à boire, je réclame encore nos corps agonisants en plein soleil pour tout horizon.

Je n'ai que la contradiction pour principe.

Je scrute encore tes yeux abrasifs de soie sur un piédestal.

J'ai tant voulu te revoir et imaginer nos retrouvailles.

J'ai suivi ma faim de toi, Télesphore…

Jusqu'au précipice de nos désirs.

Jusqu'aux contrées de la Faucheuse.

Je nous aurais crucifiés ensemble sur la croix d'un chapelet enfoui au creux de ma main.

Nous aurions porté l'éternité, comme un précieux linceul, comme un collier de perles rares.

Mais ce soir, je nous libère de notre pacte. Je jette le blâme sur les jours, la lumière à avaler, les couchers de soleil écervelés et les petits sacrilèges.

Ce soir, entre les rails, j'enterre en pensée ton couteau, là où nous nous sommes aimés.

Je m'étends sur lui et sur nos prières pour aimer le pardon.

La neige saura les garder au chaud.

Rêve-moi bien, Télesphore…

Et souviens-toi de moi comme d'une chance à donner.

38

Le printemps

J'ai voulu mettre un peu de paradis et d'enfer dans ma vie, car leur existence dans la mort est incertaine. Mais aujourd'hui, je ne sais qu'en faire. Tout cela m'importe peu.

Toi, mon Télesphore, tu t'en remettras sans doute à Dieu lorsque ton heure sonnera…

Et moi, à la vérité et aux ossuaires.

La vie se déverse de moi comme une source se tarit. Je me hasarde de plus en plus loin dans le sommeil. Bientôt, je ne reviendrai pas. La prochaine fois, j'emmènerai Aurore avec moi et je la déplacerai de son destin comme on bouge un pion sur l'échiquier. Je la laisserai devenir la reine de la marelle à ma place et moi, je deviendrai cavalière du vent.

Contrairement à la Sainte-Vierge, je ne connaîtrai aucune assomption. Trop de cérémonies que d'ascensionner au terme de sa vie terrestre… Les assomptions sont plutôt rares de nos jours. Il faut dire qu'on pèse lourd au fond des âmes et le ciel à gagner ou à aimer vaut son pesant d'or.

Je n'irai pas au paradis, ni en enfer ni au purgatoire.

Non, je resterai plutôt ici.

Je resterai là jusqu'à ce qu'il n'y ait plus de malheur à venir ou à pleurer, jusqu'à ce que le dernier de ceux que j'ai aimés ait trépassé. Je les regarderai tous partir un à un, tout doucement, dans des canots s'éloignant à la file indienne sur l'onde calme à la brunante. Il me restera les vallées, les branches et les sentiers obscurs de Sainte-Sophie dans lesquels me perdre pour une éternité lancinante et langoureuse. Je serai le fantôme de la sorcière qui vit dans la forêt, cette vieille femme qui dévorait autrefois les enfants trop téméraires, cette folle qui préfère aux humains les crapauds, les corneilles et la mousse sur ses habits.

Je ferai d'abord l'inventaire de tous ces chemins où j'ai marché, puis je retournerai à Sainte-Sophie au printemps. Je partirai, seule, légère comme toute la poussière du monde. Je marcherai dans la crue des eaux pures et froides qui inondent les champs pour en faire les immenses miroirs du ciel. J'enfoncerai mon pied au plus profond des labours enneigés jusqu'à ce que la croute cède, jusqu'à ce qu'un trou se forme et se remplisse de l'eau de mes rouges Pâques.

Et je recommencerai…

Jusqu'à submerger tous les sentiers battus.

Jusqu'à réussir à piper mes étoiles filantes.

Jusqu'à vaciller comme la flamme en plein cœur de la nuit.

Jusqu'à en devenir une crucifiée de lumière.

39

Les enfants du carême

Ernestine, Joséphine, Jeanne, Aurore, tous les autres ouragans, et moi…

Je suis obsédée par ce qu'il reste de nous, par nos yeux absents, nos yeux ailleurs, nos yeux plus tard, oubliés, partis…

C'est de nous, de nos visages gris, de nos sourires rouges, de nos miettes pour tout festin dont je me souviens le plus.

Aujourd'hui comme hier, les mains dans le dos, nous avançons, ongles rongés et scintillants, de pénombre en pénombre, dans des veines de regrets, comme un cyclone de rires noirs dans l'âme.

Nous sommes une armée de chevaliers brisés, abattus, étendus sur nos armures après la guerre, dans des carrières obscures et chaotiques, près de chars renversés et de feux éteints.

Le combat est fini depuis longtemps, mais partout, nous bordons encore notre hache, à côté de notre oreiller.

Atrophiés, nos cœurs. Fatigués d'avoir aimé.

Mal.

Nous, les enfants de la voracité, notre temps est couvert, plus vieux que tous ceux qui l'ont habité.

Nous sommes diamants déguisés, souffles coupés aux quatre coins du monde, malles de cendres à chérir.

Nous sommes les enfants du carême, fleurs salées, regrets pâles, phénomènes de dentelle pourpre, peintres de noir, corrida d'ombres vraies.

Nous vieillissons, les prières entre les mains, en dansant dans les artères d'un soleil presque éteint.

Nous avons des pluies et des mers froides pour toutes promesses et des divinités fades pour toutes offrandes.

Nous sommes torrents rouges, tremblements de terre sifflants, cœurs incessamment apostrophés, prières égorgées et couleurs trahies.

Nous sommes sels, pétales flottants sur de sinistres flammes, souffrances immuablement enfantées et bouillantes de larmes et de vides.

Nous planons aussi bas que les anges peuvent voler, aussi haut que l'enfer puisse s'élever.

Si défectueux, nous sommes.

Usés et abîmés aussi.

Il n'y a que les fleurs pour nous rappeler que nous avons jadis été jeunes, que nous avons déjà aimé aveuglément, effrontément, suprêmement.

Il nous faudrait courir vers d'autres printemps, dénouer les sens, brûler les limbes, ne plus pleurer sur les tombes qui règnent, grises, et longtemps ; cesser de nous tenir droits et épouser nos courbatures. Se refaire. Se reprendre. Répliquer à Dieu et se tromper heureusement, joyeusement, divinement.

Les recommencements sont les plus fidèles alliés.

40

Antienne de lueur

Les vérités dérangent.

Les détracteurs sont cajoleurs.

Ce ne sont pas toutes les bêtes qui portent un nom.

Même les plus terribles ogres ont besoin de fleurs.

Les monstres aussi veulent être aimés.

Même s'ils sont seuls comme les pierres…

Même s'ils sont les premiers à les lancer…

Même si sur leurs pierres, nous bâtissons notre hantise depuis toujours.

Même au plus profond de la forêt, le soleil inonde de lumière le plus sombre des arbres.

L'abandon n'est peut-être qu'une question de lueur, mais le Mal, c'est de ne plus l'envisager.

Nous, les enfants de l'abstention, nous étions vieux quand nous étions jeunes, mais nous n'avons jamais été petits.

Je déroberai au ciel ses couleurs qu'il refuse de donner et je vous retrouverai pour vous les offrir dans un bouquet exquis.

Quand nous serons enfin grands, nous rallumerons les étoiles, les matins auront d'autres soleils et nos mains s'uniront dans des prières beaucoup plus nobles.

Nous mangerons du sucre d'orge en nous donnant la communion.

Nous dérangerons l'onde et les reflets dans les miroirs.

Nous nous tacherons les doigts d'encre pour peindre les mots du bonhomme pendu. Nous trinquerons avec lui et nous le serrerons contre notre cœur.

Nous étreindrons les carêmes et les hivers.

Nous serons les autres, ces peupliers du monde.

Nous sortirons les mirages des tiroirs.

Nous inventerons des siècles.

Nous ouvrirons nos mains et nos prières fleuriront du bout de nos doigts.

Et moi, je reviendrai au village.

Là où il y a eu la guerre, c'est beau. N'est-ce pas Télesphore ?

Inexplicablement.

Divinement.

J'irai aux fraises et tacherai encore mes vêtements de souillon.

Je coulerai enfin dans les veines de Sainte-Sophie.

Je ferai mon royaume de mes champs de bataille, au son des vrombissements et des roulements fiers des wagons retentissant au-delà du ciel.

Sur cette pierre, je bâtirai ma déprise.

La vie est un train qui passe…

À l'aurore.

Épilogue

Je t'offre 40 dernières secondes...

40 secondes pour démaquiller le ciel
pour démasquer l'opacité
pour dompter la fumée du cierge éteint entre mes doigts
pour enfouir toutes les églises dans ma gorge
pour faire fondre ce qu'il reste de l'hiver dans ma main
pour renommer ce qui est sacrilège
pour désapprendre les trajectoires
pour se perdre dans les ridules des paupières
pour inspirer ce qui a expiré
pour enlacer l'éteignoir

40 secondes pour valser sur le chemin de fer
pour compter les ronds sur l'étang
pour battre de l'aile au fond du ruisseau
pour sourire aux méduses sur la branche
pour chercher le soleil au fond de la mer
pour étreindre les fanures de chrysanthèmes
pour m'abandonner au rouge, au jaune et au rose
pour frémir avec les feuilles et les cendres
pour voguer ensemble au cœur de l'incendie
pour rayer les lignes de vie dans nos paumes

40 secondes pour nous rendre précieusement surannés
pour caresser notre sarcophage
pour laisser l'hiver nous couvrir
pour nous engouffrer dans l'horizon avec les wagons
pour souffler sur nous et les pissenlits
pour nous verser dans les chutes des étoiles filées
pour nous voiler de fleuves
pour nous immortaliser dans une autre éternité
pour planter notre croix entre le grotesque et le sublime
pour consoler la tempête

40 secondes pour tanguer avec toi dans l'orage
pour tomber et nous étourdir avec les samares d'érable
pour nous blottir contre la fin du monde ratée
pour nous vêtir de crépuscule
pour te dire que l'erreur est humaine et pure
pour me bercer dans notre dernier soupir à l'unisson
pour écouter un train s'essouffler avec toi dans le silence
pour nous blanchir et nous *linceuler*
pour t'étreindre dans la fosse
pour laisser l'encre sécher

Table des matières

Prologue 15
1. Les absents 17
2. Messe de sel 19
3. Sainte-Sophie 29
4. Élève du soir 35
5. Sa mère et Joséphine 37
6. Ernestine 43
7. T. + M-A. 45
8. Courses de Pandore 49
9. Aspersion de l'eau 53
10. Liturgie de la lumière 57
11. Psaume salé 59
12. Acte pénitentiel 61
13. La joue droite 65
14. Le céleste et la pureté 67
15. Tisons et charbons froids 69
16. Jeanne 73
17. Désert 77
18. Confession 81
19. La luxure et le sacrilège 87
20. L'Autre 93
21. La soif et le vide 99
22. Les Marie-Anne 103
23. Limbes 107
24. L'aurore martyrise l'enfant 111

25. Immaculée Inconception 115
26. Enfantements à rebours 119
27. Entre l'hécatombe et l'acte de Dieu........... 123
28. Aurore 129
29. Les gestes 135
30. Son père...................................... 139
31. Chagrin à vie................................. 141
32. Les sorcières 145
33. Les petits cancers 149
34. L'aurore absente 155
35. Évangile du soir.............................. 159
36. Petite épitre bleue de cendres 163
37. Évangile rouge................................ 167
38. Le printemps 171
39. Les enfants du carême........................ 173
40. Antienne de lueur 177
Épilogue... 181

L'Interligne
261, chemin de Montréal, suite 310
Ottawa (ON) K1L 8C7
613 748-0850
communication@interligne.ca
interligne.ca

Codirecteurs de collection : Frédéric Lanouette et Christine Klein-Lataud

Conception graphique des couvertures : Suzanne Richard Muir
Graphisme : Guillaume Morin
Révision et corrections : Maïlys Pailhous
Distribution : Diffusion Prologue inc.

Les Éditions L'Interligne bénéficient de l'appui financier du Conseil des arts du Canada, du Conseil des arts de l'Ontario, de la Ville d'Ottawa et de Patrimoine canadien.

Les Éditions L'Interligne sont membres du Regroupement des éditeurs franco-canadiens.